Programmieren mit Python

T0222322

Tobias Häberlein

Programmieren mit Python

Eine Einführung in die Prozedurale,
Objektorientierte und Funktionale
Programmierung

 Springer Vieweg

Tobias Häberlein
Fernfachhochschule Schweiz
Brig, Schweiz

ISBN 978-3-662-68677-5   ISBN 978-3-662-68678-2   (eBook)
https://doi.org/10.1007/978-3-662-68678-2

Die Deutsche Nationalbibliothek verzeichnet diese Publikation in der Deutschen Nationalbibliografie; detaillierte
bibliografische Daten sind im Internet über http://dnb.d-nb.de abrufbar.

Planung/Lektorat: Leonardo Milla
Springer Vieweg ist ein Imprint der eingetragenen Gesellschaft Springer-Verlag GmbH, DE und ist ein Teil von
Springer Nature.
Die Anschrift der Gesellschaft ist: Heidelberger Platz 3, 14197 Berlin, Germany

Das Papier dieses Produkts ist recyclebar.

Für Mona, Carlo und Matilda

Vorwort

Dieses Buch entstand auf Basis der Vorlesung, die ich vom Wintersemester 2013/14 bis zum Wintersemester 2021/22 an der Hochschule Albstadt-Sigmaringen als „Programmieren 1" für Studierende des ersten Semesters gehalten habe. Über diese Zeitspanne hinweg hat sich der Vorlesungsstoff und der didaktische Aufbau mehrmals gewandelt und wurde immer besser auf die Bedürfnisse der Studienanfänger zugeschnitten.

Mein Anliegen war es immer, den Studierenden die gängigen Programmierparadigmen näher zu bringen, also die klassische Prozedurale Programmierung, die Objekt-Orientierte Programmierung und die Funktionale Programmierung, und diese auch in Bezug und in Abgrenzung zueinander zu vermitteln. Dieses Buch stellt zwar einerseits eine möglichst „schonende" Einführung ins Programmieren dar, andererseits ist sie aber auch akademisch, da sie den Stoff möglichst systematisch und aufeinander aufbauend vermittelt und genau dann in die Tiefe gegangen wird, wenn dies für das grundlegende Verständnis der Programmierung wichtig ist. Es werden einige Konzepte wie etwa das Exception Handling oder das Testing bewusst in dieser Einführung ausgeblendet; diese mögen zwar im Programmieralltag eine wichtige Rolle einnehmen, bieten aber meiner Meinung nach keinen echten Mehrwert für das Verständnis der grundlegenden Konzepte. „Akademisch" heißt aber auch, dass Wert darauf gelegt wurde, dass Konzepte tief verstanden werden und so ist auch der Fokus auf Funktionen wie `map`, `reduce`, `filter` oder `lambda`-Expressions zu verstehen, aber auch die Vermittlung der Fähigkeit zwischen Ausdrücken und Kommandos und seiteneffektbehafteten und seiteneffektfreien Funktionen zu unterscheiden.

Warum gerade Python als erste Programmiersprache? Zum einen vereint Python alle drei Programmierparadigmen: Man kann in Python sowohl prozedural, als auch objekt-orientiert als auch funktional programmieren. Zum anderen eignet sich eine dynamisch getypte Programmiersprache besonders gut für Programmieranfänger: die Syntax ist unkomplizierter, Deklarationen entfallen und man ist generell flexibler mit der Typisierung. Zudem ist Python aktuell eine der beliebtesten und am häufigsten eingesetzten Programmiersprachen überhaupt.

Das Üben des Stoffes ist gerade für das Erlernen einer Programmiersprache, insbesondere einer ersten Programmiersprache, unverzichtbar. Das Buch ist gespickt mit fast 200 leichten bis mittelschweren Aufgaben, zugeschnitten auf den im jeweiligen Abschnitt vermittelten Stoff. Zu einem großen Teil der Aufgaben sind Lösungen verfügbar, zu einem kleineren Teil der Aufgaben (die mit Stern * markierten) sind Lösungen nur für Dozierende über die Verlagswebsite verfügbar; so können diese Aufgaben auch gut für Übungs-, Klausur- oder Praktikumsaufgaben verwendet werden.

Das Buch eignet sich für ein 5-ECTS oder 7.5-ECTS-Modul für das Erlernen einer ersten Programmiersprache.

Ich wünsche allen viel Spaß beim Lesen, Lösen der Aufgaben und Erlernen des Programmierens mit Python.

Danksagungen

Vielen Dank an die vielen Studentinnen und Studenten, die sich aktiv an der damaligen Lehrveranstaltung „Programmieren 1" beteiligt haben, vielen Dank an Ramona, Carlo und Matilda für die Geduld während meiner Schreibphasen und vielen Dank an den Springer-Verlag für die freundliche und engagierte Unterstützung.

Rorschacherberg, im November 2023   Tobias Häberlein

Inhaltsverzeichnis

Kapitel 1
Einführung

1.1 Einleitung

Python ist eine weit verbreitete, einfach zu erlernende frei verfügbare Open-Source-Programmiersprache. Ihre Stärken liegen darin, dass sie objektorientierte, prozedurale, sowie auch funktionale Programmierparadigmen umsetzt. Python ist stark getypt, d.h. jeder Ausdruck muss einen eindeutigen Type besitzen; Python ist aber auch – im Gegensatz zu Java, C, C++ – dynamisch getypt, d.h. der Typ eines Ausdrucks muss erst zur Laufzeit feststehen. **Dynamische Typisierung**

Python ist eine interpretierte Sprache. Das bedeutet, dass der Programmcode nicht *vor* der Ausführung in Maschinencode übersetzt wird, sondern die einzelnen Kommandos durch einen Interpreter *während* der Laufzeit ausgeführt werden. Jede Programmzeile wird während der Ausführungszeit in Betriebssystem-unabhängigen Bytecode übersetzt (die .pyc-Dateien). Dadurch können Python-Ausdrücke auch direkt hintereinander in einen Interpreter eingegeben werden. Python bietet eine Interpreterumgebung an, die nach dem Prinzip einer *Read-Eval-Print-Loop* (kurz: *REPL*) funktioniert: Wie in einem Taschenrechner werden Eingaben gelesen (read), ausgewertet (evaluate), es wird das Ergebnis ausgegeben (print) und dann wieder auf eine Eingabe gewartet. Wir empfehlen, den Interpreter *IPython* zu verwenden der bei der Installation von Anaconda standardmäßig zum Einsatz kommt. **Interpreter** **REPL**

1.2 Installation von Anaconda

Um die für dieses Einführungsbuch empfohlene Python-Umgebung verwenden zu können, installieren Sie zunächst Anaconda 3 hier von dieser Adresse:

https://www.anaconda.com/products/distribution

Wir empfehlen für die Anfangsphase mit einem sog. *Jupyter Notebook* zu arbeiten, einer Web-Anwendung, die eine komfortable Schnittstelle zum **Jupyter Notebooks**

© Der/die Autor(en), exklusiv lizenziert an
Springer-Verlag GmbH, DE, ein Teil von Springer Nature 2024
T. Häberlein, *Programmieren mit Python*,
https://doi.org/10.1007/978-3-662-68678-2_1

IPython-Interpreter bietet. Besonders unter Data Scientists ist die Verwendung von Jupyter Notebooks sehr beliegt, denn diese bieten nicht nur die Python-Interpreterumgebung, sondern gleichzeitig die Möglichkeit den Code mittels Markdown zu kommentieren. Ein Jupyter Notebook kann komfortabel in verschiedene Textformate transformiert werden.

1.3 Verwenden von Jupyter Notebooks

Entweder starten sie ein Juypter Notebooks über den Anaconda Navigator oder über die Kommandoshell, indem sie den Befehl `jupyter notebook` eingeben. Jupyter ist eine Browseranwendung und nach Eingabe des Befehls müsste sich der Standard-Webbrowser öffnen und die folgende Oberfläche müsste zu sehen sein:

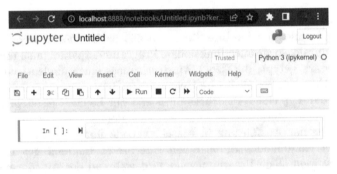

Zellen Im unteren Drittel des Screenshots ist mit einer blauen Markierung links eine sog. *Zelle* zu sehen. Diese Zelle kann entweder als Code-Zelle eingestellt sein; eine Code-Zelle kann entweder einen Python-Ausdruck enthalten, der Python-Code enthalten, der dann wie in einem REPL-Interpreter ausgewertet und das Ergebnis ausgegeben wird, oder sie kann ein oder mehrere Python-Kommandos enthalten und die Ausführung dieser Zelle bewirkt dann die Ausführung der Kommandos über den Python-Interpreter. Tatsächlich bedeutet es einen kleinen Unterschied, ob man ein Kommando oder einen Ausdruck auswertet; wir werden darauf später noch zurückkommen. Eine solche Zelle kann aber auch als Textzelle eingestellt sein; Eine solche Zelle kann aber auch Text enthalten; dieser Text muss im Markdown-Format eingegeben sein. Markdown ist eine Markup-Sprache wie etwa auch HTML, oder LaTeX, nur einfacher aufgebaut.

> **Aufgabe* 1.1**
>
> Schauen Sie sich die Dokumentation von Markdown in Jupyter-Notebook- oder der Jupyter-Lab-Anwendung an und erstellen Sie Überschriften, Aufzählungen, Betonungen und Code-Beispiele in Markdown.

Wenn Sie mit Juypter Notebooks arbeiten, so sollten Sie darauf achten, dass Sie wenn möglich immer Keyboard-Shortcuts verwenden. Folgende Liste zeigt die wichtigsten Keyboard-Shortcuts: **Keyboard-Shortcuts**

- `<esc>`-Taste: Ähnlich wie die Logik im Editor `vi` ist es auch in den Notebooks so, dass es einen Kommando-Modus und einen Eingabe-Modus gibt. In den Kommando-Modus wechselt man immer durch Wahl der Escape-Taste. In diesem Kommando-Modus sind die folgenden Shortcuts möglich.
- `m`: Wechselt die Zelle in den Textmodus,
- `y`: Wechselt die Zelle in den Code-Modus,
- `c`: Kopiert eine oder mehrere markierte Zellen,
- `x`: Löscht eine oder mehrere markierte Zellen,
- `v`: Fügt eine oder mehrere kopierte Zellen ein,
- `y`: Wechselt die Zelle in den Code-Modus,
- `<enter>`: Verlässt den Kommandomodus und wechselt in die Zelleneingabe zurück,
- `<shift>+<enter>`: Führt die aktuelle Zelle aus
- `<alt>+<enter>`: Führt die aktuelle Zelle aus und erzeugt darunter eine neue leere Zelle.

Man muss sich nicht zwingend Anaconda installieren, sondern kann auch auf Cloud-Dienste zurückgreifen, um Jupyter zu verwenden. Dies ermöglicht etwa das gemeinsame Arbeiten an Jupyter-Notebooks. Die wichtigsten Cloud-Dienste sind: **Cloud-Dienste**

- Google Colab: Sehr beliebte und gut konfigurierbare Cloudumgebung für Jupyter Notebooks.
- Binder: Dieser Dienst besitzt eine direkte Schnittstelle zu git.
- CoCalc: Dieser Dienst läuft auf Basis von Microsoft Azure und bietet eine echte synchrone Oberfläche an, wo mehrere Personen gleichzeitig arbeiten können.

1.4 Spezielle Eigenschaften von Python

Python ist eine interpretierte, dynamisch getypte Programmiersprache, die die drei gängigen Programmierparadigmen – prozedural, objekt-orientiert und funktional – direkt unterstützt.

kompiliert vs. interpretiert

Man unterscheidet grundlegend zwei Arten von Sprachen: kompilierte und interpretierte Programmiersprachen. Bei kompilierten Programmiersprachen wird der Programmcode mit dem Compiler direkt in Maschinencode übertragen. Dabei wird der Programmcode zuerst auf die Korrektkeit der Syntax geprüft und anschließend in Maschinencode übersetzt. Das Ergebnis des Kompilierens ist eine ausführbare Datei, in Windows etwa eine `.exe`-Datei. Da die Maschinenbefehle, die verwendet werden können sowohl vom Prozessor als auch vom Betriebssystem abhängen, ist ein Programm, das für eine Windows-Plattform kompiliert wurde, nicht direkt auf einem Linux- oder Mac-System ausführbar. Die Abstraktion der verschiedenen Prozessoren übernimmt hingegen das Betriebssystem, so dass der Code innerhalb einer Plattform vollständig portabel zwischen verschiedenen Systemen ist. Man kann eine `.exe`-Datei also prinzipiell auf jedem gleichartigen Windows-System direkt ausführen, ohne neu kompilieren zu müssen.

Portierbar- keit

Bei interpretierten Programmiersprachen wird der Programmcode nicht vorkompiliert, sondern vom Interpreter bei Ausführung zur Laufzeit nach Bedarf übersetzt. Dadurch werden syntaktische Fehler auch erst entdeckt, wenn der entsprechende Codeabschnitt tatsächlich zur Ausführung kommt. Im Gegensatz zu kompilierten Programmen sind interpretierte Programme auf alle Systeme portierbar, für die es einen entsprechenden Interpreter gibt. Ein Pythonprogramm, das unter Windows ausführbar ist, ist daher ohne weitere Änderungen auch unter Linux ausführbar, da der Interpreter die Schnittstelle zu den Betriebssystemfunktionalitäten bildet. In der Python-Welt wird der Python-Programmcode in einer Datei mit Endung `.py` gespeichert, die dann durch den Python-Interpreter in der Kommandozeile über das Kommando `python test.py` ausgeführt werden kann – falls der Python-Code in der Datei `test.py` gespeichert wurde.

dynamisch vs. statisch getypt

Ferner unterscheidet man zwischen dynamisch getypten Programmiersprachen und statisch getypten Programmiersprachen. Bei der statischen Typisierung hat eine Variable immer einen festen Datentyp, der bereits bei der Deklaration der Variablen angegeben werden muss. Während des weiteren Programmflusses können dann nur Werte des entsprechenden Datentyps zugewiesen werden. Es ist also nicht möglich einer Variablen, die als Ganzzahl deklariert wurde, eine Gleitkommazahl zuzuweisen. Bei der dynamischen Typisierung, wie sie auch in Python verwendet wird, ist nur wichtig, dass der Typ eines Ausdrucks zur Laufzeit klar ist. Dadurch kann einer Variablen erst eine Ganzzahl, dann eine Zeichenkette und schließlich eine Gleitkommazahl zugewiesen werden.

1.5 IPython

Es gibt mehrere Interpreterumgebungen für Python. Anaconda und Jupyter Notebooks verwenden i.A. IPython. Das besondere an IPython ist, dass
es spezielle Kommandos bietet, die mit einem % beginnen, auch *Magic-
Commands* genannt. So sind beispielsweise Laufzeittests mit `%timeit` einfach
durchführbar. Wollen wir wissen, wie zeitaufwändig eine bestimmte Operation ist, muss dem Kommando lediglich `%timeit` vorangestellt werden. Hier
ein einfaches Beispiel:

```
>>> %timeit 2**100
10000000 loops, best of 3: 18.8 ns per loop
```

1.6 Was kann eine Programmiersprache?

Wir beginnen mit einem Abschnitt, der einen Überblick darüber liefern soll,
was eine Programmiersprache kann und können muss, um in gewissem Sinne
vollständig zu sein, d.h. um mit dieser Sprache beliebige Algorithmen umsetzen zu können. Wir könnten auch fragen: Was kann eine Programmiersprache
mehr als ein Taschenrechner? Ein solcher Überblick ist für Programmieranfänger entscheidend, um die im ersten Teil dieser Einführung vorgestellten
Konzepte einordnen zu können.

a) **Auswertung von Ausdrücken**:
   Jede Programmiersprache kann Ausdrücke auswerten; damit sind nicht
   nur mathematische Ausdrücke gemeint, deren Werte Zahlen sind, sondern auch Ausdrücke, deren Werte Zeichenketten, Boolesche Werte, Listen oder andere Konstrukte sind. Es wird noch wichtig sein, Ausdrücke
   von Kommandos zu unterscheiden: Kommandos verändern den Zustand
   des Programms, des Speichers oder des Bildschirms, Ausdrücke hingegen, „tun" nichts, sondern stehen für einen Wert. Hier einige Beispiele für
   einige Ausdrücke und deren Auswertung:

   ```
   >>> 10*41
   410
   >>> 2**10
   1024
   ```

b) **Typisierung – Unterscheidung verschiedener Typen**:
   Fast jede Programmiersprache kann Typen unterscheiden. Eine Ausnahme bildet etwa die bash, die ausschließlich Zeichenketten kennt. Python
   kann jedoch Typen unterscheiden, wie etwa Ganzzahlen (`int`), Komman-
   zahlen (`float`), Zeichenketten (`str`) und viele andere Typen unterscheiden.
   Mittels der Funktion `type` kann man den Typ eines Ausdrucks zurückgeben.

```
>>> type(10)
int
>>> type(2.1)
float
>>> type("Hallo")
str
>>> type(4j +2)
complex
```

Dies ist nur eine kleine Auswahl der Typen, die Python kennt; auch ist
es möglich, über Klassendefinitionen neue Typen zu erzeugen, was im
Abschnitt über die Objektorientierte Programmierung behandelt wird.

c) Variablen definieren / Werte zwischenspeichern:
In jeder Programmiersprache kann man Werten bzw. Ausdrücken einen
Namen geben und dadurch für eine spätere Verwendung speichern. In
Python verwendet man das Gleichheitszeichen = um eine Variable zu
definieren und ihr zugleich einen Wert zuzuweisen. Hier als Beispiel die
Zuweisung des Wertes 2^{10} an die Variable x.

```
>>> x1 = 2**10
```

Wenn dieses Statement in eine Code-Zelle des Juypter-Notebooks eingegeben wird und diese ausgeführt wird, so wird kein Wert zurückgegeben;
der Evaluate- und Print-Teil des REPL-Zyklus liefert keinen Wert zurück,
denn eine solche Zuweisung ist *kein* Ausdruck und steht entsprechend für
keinen Wert.

Wurde ein Wert in einer Variablen gespeichert, so kann dieser zu ei-

```
[2]: 2**10

[1]: x1 = 2**10          [2]: 1024
```

Zuweisung liefert keinen Wert   Ausdruck in Code-Zelle: Hier
                                    wird ein Rückgabewert durch
                                    den Interpreter ausgegeben.

Zuweisung vs. Ausdruck

nem späteren Zeitpunkt natürlich wieder verwendet werden, sowohl in
einem anderen Ausdruck als auch in einem Kommando, wie dieses Beispiel zeigt:

```
>>> x1 = 2**10
>>> x2 = x1 * x1
>>> x2
1048576
>>> x1//2
512
```

Zu beachten ist weiter, dass der Zuweisungsoperator eine „Richtung" hat
und von links nach rechts zu lesen ist. Links von = muss ein gültiger

Variablenname stehen (der mit einem Buchstaben oder einem _-Zeichen beginnen muss) und rechts von = muss ein Ausdruck stehen.

d) Ausführen von Kommandos:

Fast[1] jede Programmiersprache kann neben dem Auswerten von Ausdrücken auch Kommandos ausführen. Ein solches Kommando haben wir bereits kennengelernt: die Zuweisung. Ein weiteres häufig verwendetes Kommando ist etwa das `print`-Kommando, das als Argument übergebenen Wert auf dem Bildschirm ausgibt.

```
>>> print(2)
2
```

e) Hintereinanderausführen von Kommandos:

Ein Programm besteht aus einer Folge von Anweisungen, die vom Interpreter oder Compiler hintereinander von oben nach unten ausgeführt werden. Hier sehen wir ein Beispiel einer Kommandofolge bestehend aus vier Kommandos in einer Zelle:

```
>>> x = 1
    y = x+1
    print(x)
    print(y)
1
2
```

Dieser Ausführungs-Fluss, auch *Kontrollfluss* genannt, läuft standardmäßig also immer von oben nach unten.

f) Steuerung des Kontrollflusses:

Der Kontrollfluss kann durch bestimmte Kommandos verändert und gesteuert werden: In Python sind dies das `for`-Kommando, das `while`-Kommando und das `if`-Kommando. Mit diesen Kommandos lässt sich der Kontrollfluss ändern, wenn bestimmte Bedingungen erfüllt sind; man kann damit Schleifen programmieren, die bestimmte Kommandos wiederholt ausführen, man kann damit auch Kommandos oder Blöcke von Kommandos überspringen. In den Abschnitten 2.11.2, 2.11.3 und 2.14 werden wir die Details dazu lernen.

g) Abstraktion:

Abstraktion bedeutet in diesem Zusammenhang, dass man bestimmten Kommando-Folgen einen Namen geben kann (so ähnlich wie man einem Ausdruck einen Namen geben kann und diesen in einer Variablen speichern kann). Damit einher geht oft ein Schritt der Verallgemeinerung diese Kommandofolgen zu parametrieren, in dem man etwa bestimmte Platzhalter, in dem Zusammenhang „*Parameter*" genannt vorsieht. Erfahrungsgemäß ist die Abstraktion für viele Programmieranfänger am schwierigsten zu verstehen und anzuwenden; gleichzeitig ist es von entscheidender Wichtigkeit diese zu verstehen, denn sie bilden das Herzstück der gesamten Informatik: Die Frage wie man einen bestimmten

---

[1] Bis auf rein funktionale Programmiersprachen, die streng genommen ausschließlich Ausdrücke auswerten können

Algorithmus oder einen bestimmtes Architekturelement in der Software verallgemeinern kann, sind in der Informatik deshalb so wichtig, weil man in einem Softwareentwurf vermeiden muss, Verfahren doppelt zu programmieren. Das hat direkte Folgen für die Wartbarkeit und damit Anpassbarkeit eines Softwaresystems.

Die Abstraktionsmechanismen in Python sind Funktionsdefinitionen (siehe Abschnitte 2.12 und 4.2) und Klassendefinitionen (siehe Abschnitt 3.2).

Kapitel 2
Prozedurale Programmierung in Python

Wir beginnen nun mit einer systematischen Einführung in die einfachen Datentypen, die die Programmiersprache Pyhon bietet, beginnend mit den Datentypen `int`, `float` und `bool` und weiter mit zusammengesetzten Datentypen `str`, `list` und `tuple` und Operationen auf diesen einfachen Datentypen.

Es folgt im Abschnitt 2.9 das wichtige Konzept der Indizierung, d.h. die Selektion von Teilen eines zusammengesetzten (Sequenz-)Datentyps. Eine Indizierung stellt kein Kommando da, sondern sie steht immer für einen bestimmten Wert.

Erst danach behandeln wir im Abschnitt 2.11 die wichtigsten Kommandos zur Steuerung des Kontrollflusses und haben somit die Basis geschaffen, schon kleinere sinnvolle Programme zu erstellen.

Gegen Ende dieses Teils in Abschnitt 2.12 behandeln ein wichtiges Werkzeug der Abstraktion, nämlich die Definition von Funktionen; der Teil schließt ab in den Abschnitten 2.16 und 2.17 mit der Vorstellung zweier weiterer wichtiger Datentypen, nämlich `set` (Mengen) und `dict`.

Dieser erste Teil stellt die klassischen Programmierkonzepte vor und mit diesen haben Sie schon alle Werkzeuge zur Hand um jede algorithmische Aufgabe in Python zu lösen: Auch ohne Kenntnis des Programmierparadigmas der Objektorientierten Programmierung und des Paradigmas der Funktionalen Programmierung ist die Programmiersprache schon „vollständig".

2.1 Der Datentyp `int`

Im Gegensatz zu anderen Programmiersprachen unterscheidet Python nicht zwischen vorzeichenbehaftet und vorzeichenlosen Ganzzahlen. Außerdem umfasst der Datentyp `int` beliebig große Ganzzahlen. Folgendes Beispiel zeigt, dass man mit beliebig großen Zahlen rechnen kann.

Zahlenraum

```
>>> 3423489032 * 3498234
11976165730369488
```

© Der/die Autor(en), exklusiv lizenziert an
Springer-Verlag GmbH, DE, ein Teil von Springer Nature 2024
T. Häberlein, *Programmieren mit Python*,
https://doi.org/10.1007/978-3-662-68678-2_2

Wir verwenden nun die Funktion `type`, um zu zeigen, wie man den Typ eines Ausdrucks anzeigen kann. Funktionen in Python sind vergleichbar mit mathematischen Funktionen aus der Analysis: Diese haben einen Namen (in der Mathematik oft mit f, g oder h benannt) und erwarten ein oder mehrere Argumente, die durch Runde Klammern eingeschlossen und durch Kommata getrennt an den Funktionsnamen angehängt werden (etwa $f(x,y)$), was eine Auswertung der Funktion mit den übergebenen Parametern bezeichnet. Python, sowie die meisten anderen Programmiersprachen auch, lehnen sich an diese Syntax an. Wir geben ein erstes Beispiel einer Funktion in Python: die Funktion `type`; ihr wird eine Variable oder ein Wert übergeben. Zurückgegeben wird dann der Datentyp der Variablen bzw. des Wertes. Hier ein Beispiel für den Aufruf der Funktion `type` mit dem Parameter 1:

```
>>> type(1)
int
```

Aufgabe 2.1

Wir haben gesehen, dass der Aufruf von `type(1)` den Datentyp des Ausdrucks 1 zurückliefert. Experimentieren Sie nun etwas mit dieser Funktion und schauen Sie, was Python zurückliefert, wenn folgende Ausdrücke ausgewertet werden sollen; erklären Sie den Rückgabewert.

(a) `type(4+2)`
(b) `type(0)`
(c) `type(type(0))`

2.2 Operatoren

Neben den Funktionen in Präfixschreibweise (der Funktionsname befindet sich vor den Argumenten) ist es in der Mathematik üblich, viele 2-stellige Funktionen in sog. *Infixschreibweise* zu notieren, was bedeutet, dass der Funktionsname zwischen den beiden Argumenten steht. Diese Schreibweise bietet Python auch an; solche Funktionen werden auch *Operatoren* genannt.

Beispiele für Operatoren sind die einfachen arithmetischen Operatoren:

```
>>> 2 + 4
6
```

Ein Ausdruck kann natürlich auch mehrere Operatoren enthalten; auch dies ist in der Mathematik üblich.

```
>>> 2 * 4 + 3
11
```

Schreibt man einen Ausdruck, der mehreren Operatoren enthält, so muss **Bindekraft**
geregelt sein, welcher Operator stärker bindet; in der Arithmetik gilt bekannt-
lich die Regel „Punkt-Vor-Strich", die auch Python verwendet; somit bindet
der *-Operator stärker als der +-Operator und entsprechend wird zuerst 2 * 4
ausgewertet und das Ergebnis dann mit der 3 addiert. **Punkt-Vor-**
In der folgenden Abbildung finden sich einige der wichtigsten arithmeti- **Strich-Regel**
schen Operatoren, die Python anbietet.

Operator	Beschreibung	Beispiel
**	Potenz	2 ** 3
* /	Multiplikation, Division	7 / 2
// %	Ganzzahldivision, Modulo	7 % 2
+ -	Addition, Subtraktion	2 + 3

Aufgabe 2.2

Bindekraft der Operatoren.

(a) Welchen Wert hat der Ausdruck 100 % 12 *2; welcher der beiden
Operatoren % und * bindet also stärker?
(b) Welchen Wert hat der Ausdruck 2 * 2 ** 4; welcher der beiden
Operatoren ** und * bindet also stärker?

Möchte man bei einer Hintereinanderausführung mehrerer Operatoren ent-
gegen der Binderegeln einen Operator vor dem anderen ausführen, so muss
man – wie auch in der Mathematik üblich – runde Klammern verwenden, um
zu spezifizieren, welche Operanden zu dem Operator gehören. Ein einfaches
Beispiel:

```
>>> 2 * (3 + 7)
20
```

Hier legen wir also fest, dass die Operanden 3 und 7 zum Operator + gehören.
Als kleiner Vorgriff auf spätere Abschnitte sei hier schon erwähnt, dass die **Runde**
runden Klammern in Python offenbar ganz unterschiedliche „Bedeutungen" **Klammern**
haben können, je nachdem in welchem Kontext sie verwendet werden: Sie
werden auch bei Funktionsaufrufen und -definitionen und zur Erzeugung von
Tupel-Objekten verwendet.
Kommen wir nun zu einer zweiten Gruppe von Operatoren für Werte des
int-Typs: zu den bitweisen Operatoren | und &. Diese Operatoren stellen
eine Verknüpfung auf der Bitebene dar: die einzelnen Bits werden Oder- bzw.
Und-Verknüpft. Folgende Tabelle zeigt nochmals alle bitweisen Operatoren
im Überblick:

Operator	Beschreibung	Beispiel
|	Bitweises Oder	21 | 30
&	Bitweises Und	21 & 30
^	Bitweises Xor	21 ^ 30

bin   Um zu sehen, wie die bitweisen Operationen funktionieren, betrachten wir die Binärdarstellung der Operanden; man kann hierzu die Funktion bin verwenden, die einen Wert vom Typ int in eine Zeichenkette umwandelt, die die Binärdarstellung der Zahl repräsentiert. Hier ein Beispiel:

```
>>> bin(21)
'0b10101'
>>> bin(30)
'0b11110'
```

Nun sieht man, wie sich die Ergebnisse aus der bitweisen Verknüpfung ergeben:

```
>>> bin(21 & 30)
'0b10100'
>>> bin(21 | 30)
'0b11111'
```

2.3 Der Datentyp float

Darstellung   Der Typ der sog. Fließkommazahlen (englisch: floating point numbers) wird in Python wie in fast allen anderen Programmiersprachen als float bezeichnet.

     In Python wird eine Fließkommazahl i.A. als Ziffernfolge dargestellt, die einen Punkt enthält.

```
>>> type(3.141)
float
```

Operationen   Auch das Ergebnis einer Division ist immer vom Datentyp float.

```
>>> 2/3
0.6666666666666666
>>> type(2/3)
float
```

Arithmetische Verknüpfungen mit Zahlen unterschiedlichen Typs sind möglich und ergeben einen Wert dessen Typ dem spezielleren Typ der beiden Operanden gleicht.

```
>>> 1. + 2
3.0
```

Ganzzahl als Float   Wenn der Punkt ohne nachfolgende Ziffern am Ende notiert wird, werden die Nachkommastellen als 0 interpretiert; eine in solcher Weise geschriebene Zahl ist immer vom Typ float.

```
>>> type(1.)
float
```

Eine andere Möglichkeit die Ganzzahl 1 als `float` zu speichern besteht darin, die Casting-Funktion `float` zu verwenden:

```
>>> float(1)
1.0
```

Anders als die Werte des `int`-Typs, sind die `float`-Werte nicht unbe- **Größe**
schränkt in ihrer Größe:

```
>>> 2.0 ** 10000
Overflow-Error
```

Aufgabe 2.3

(a) Versuchen Sie rein experimentell abzuschätzen, was die größte Zahl vom Typ `float` in Python ist. Sie dürfen maximal 10 Versuche verwenden (die eben entweder als Ergebnis eine `Result Too Large`-Meldung liefern oder eine in Python darstellbare `float`-Zahl; versuchen sie sich so möglichst nahe an die größte `float`-Zahl heranzutasten.

(b) Wie können Sie sich das Ergebnis erklären, das sie nach den 10 Schritten erhalten haben?

2.4 Der Datentyp `bool`

Es gibt nur zwei mögliche Werte vom Typ `bool`, nämlich `True` und `False`. Die **Wertebe-**
boolesche Algebra spielt in der Informatik eine besondere Rolle, denn diese **reich**
Zweiwertigkeit entspricht der Art, wie Wert intern im Rechner gespeichert werden.

In der booleschen Algebra werden die Operatoren `and`, `or` und `not` verwendet. Der Unterschied zur den bitweisen Operatoren `&` und `|` besteht im Typ der Operanden.

Der Operator `and` ist die logische Und-Verknüpfung. Ein boolescher Aus- **and**
druck aus zwei Booleschen Werten, die mit `and` verknüpft sind, ist genau dann wahr, wenn beide Werte wahr (= `True`) sind:

```
>>> True and True
True
>>> True and False
False
```

Der Operator `or` ist die logische Oder-Verknüpfung. Ein boolescher Aus- **or**
druck aus zwei Booleschen Werten, die mit `or` verknüpft sind, ist genau dann wahr, wenn **mindestens** einer der beide Werte wahr (= `True`) ist:

```
>>> False or False
False
```

not   Der Operator not ist die logische Negation. Die Negation ist ein einstelliger Operator. Er liefert das logische Komplement des booleschen Wertes zurück auf das er angewendet wird.

laziness   Sowohl and als auch or werden von Python *lazy* ausgewertet: Falls bereits der linke Operand das Ergebnis definiert, wird der rechte Operand gar nicht erst ausgewertet. Der Ausdruck

```
boolExp1 and boolExp2
```

wird für den Fall, dass `boolExp1` bereits `False` ist, immer zu `False` ausgewertet; der rechte Ausdruck `boolExp2` wird von Python in diesem Fall also nicht ausgewertet und ein rechtes Argument, das eigentlich gar nicht auswertbar ist (wie die Division durch Null) erzeugt entsprechend keinen Fehler. Folgendes Beispiel verdeutlicht dies:

```
>>> False and 1/0
False
```

Analoges gilt für den Operator or; auch dieser wertet eines der Argumente nur dann aus, wenn dies für die Erzeugung der Lösung notwendig ist.

Aufgabe 2.4

Überlegen Sie sich zunächst ohne Hilfe des Python-Interpreters, welchen Wert der jeweilige Ausdruck hat, überprüfen Sie ihre Überlegung mit dem Interpreter und erklären Sie.

(a) `True and False`
(b) `True or 'False'`
(c) `True or 1/0`
(d) `True or and`
(e) `(True and type)(False and type)`
(f) `(True and type)(True and type)`

Vergleichs-operatoren   Auch Vergleichsoperationen, liefern als Rückgabewert einen `bool`-Wert, der angibt, ob die Aussage wahr oder falsch ist. Folgende Tabelle zeigt eine Liste von Vergleichsoperatoren zwischen numerischen Werten in Python.

Operator	Beschreibung	Beispiel
<	kleiner	21<30
>	größer	21>30
<=	kleiner-gleich	21<=30
>=	größer-gleich	21>=30
==	gleich	21==30

Hier noch einige Beispiele für die Verwendung von Vergleichsoperatoren; wie man sieht, werten sich die Vergleichsoperatoren immer zu einem booleschen Wert aus.

```
>>> type(2==3)
bool
>>> 4 <= 2
False
>>> (4<3) or (4>3)
True
```

Aufgabe 2.5

Sind die Klammern im letzten Beispiel – also im Ausdruck (4<3) or (4>3) – notwendig?

2.5 Der Datentyp `str`

Eine Zeichenkette ist eine Folge von Zeichen, die im Rechner mittels einer **Zeichenket-** speziellen Codierung in Bitfolgen umgewandelt werden. Dabei ist die Art der **ten** Codierung (z.B. ASCII oder UTF-8) maßgeblich dafür, welche Buchstaben, insbesondere welche speziellen Zeichen, wie ä, ö, è, ß usw. verarbeitet werden können und wie diese im Binärformat kodiert werden. In der Informatik werden solche Zeichenketten üblicherweise als *String* bezeichnet. Sie müssen in Python immer in Anführungszeichen gesetzt werden, da sie sonst als regulärer Teil der Syntax interpretiert werden.

```
>>> type('Hallo')
str
```

Zeichenketten können in Python entweder in doppelten Anführungszeichen **Darstellung** " oder in einfachen Anführungszeichen ' eingeschlossen werden.

Das Backslash-Zeichen \ hat innerhalb eines Strings eine Sonderbedeutung. Mit einem vorangestellten Backslash kann man Sonderzeichen wie den Zeilenumbruch („Newline"-Zeichen) darstellen; es wirkt immer auf das nächste Zeichen.

```
>> '\n'
```

Das Backslash-Zeichen kann auch dazu verwendet werden, die Sonderbedeutung von ", ' und \ auszublenden.

Aufgabe 2.6

Lösen Sie die folgenden Aufgaben:

(a) Erzeugen Sie einen String, der ein einzelnes Backslash-Zeichen enthält.

(b) Erzeugen Sie einen String, der ein einzelnes "-Zeichen enthält.

(c) Erzeugen Sie einen String, der die drei Zeichen ", ' und \ enthält.

`print` Das `print`-Kommando ist ein reines Kommando, liefert also keinen Rückgabewert; es gibt lediglich einen String auf dem Bildschirm aus. Es wird – wie jedes Kommando in Python – aufgerufen indem man ihm zwischen nachgestellten runden Klammern ein oder mehrere Argument übergibt; im Falle von `print` ist dies ein String.

Für Programmieranfänger ist es nicht einfach zu unterscheiden, ob in einer REPL-Umgebung ein Wert als Ergebnis der Auswertung eines Ausdrucks zurückgegeben wird oder ob es sich um den Effekt einer `print`-Anweisung handelt:

```
>>> print('Hallo')
Hallo
>>> 'Hallo'
'Hallo'
```

Das erste `Hallo` ist also *kein* Rückgabewert des vorherigen `print`-Kommandos, sondern Ergebnis dessen Seiteneffekts, der in der Ausgabe des Strings auf dem Bildschirm besteht. Die folgende Abbildung zeigt dies nochmals in einem Jupyter-Notebook:

```
[4]: print('Hallo')

     Hallo

[5]: 'Hallo'

[5]: 'Hallo'
```

Man erkennt, dass das `Hallo`, das dem `print`-Kommando folgt, keine Ausgabenummerierung hat; das `'Hallo'` als Ausgabe der nächsten Zelle ist jedoch mit einer Nummerierung (in diesem Fall [5]) versehen und somit der Wert, den die REPL-Umgebung zurückliefert.

Aufgabe 2.7

Wo liegt der Fehler in folgenden Anweisungsfolge:

```
>>> a = print('Hallo')
>>> b = print('Welt')
>>> print(a,b)
```

Ein String hat eine Länge, die durch die `len`-Funktion zurückgeliefert wer-   `len`
den kann. Rückgabewert der `len`-Funktion ist immer ein Wert vom Typ `int`.

```
>>> len("hallo")
5
```

Aufgabe 2.8

Welchen Rückgabewert hat der Ausdruck `len('\nee')`?

2.5.1 String-Operatoren

Der Operator + berechnet – angewandt auf Strings – die Konkatenation, d.h   **+ auf Strings**
das Aneinanderhängen zweier Strings. Der Operator + ist *überladen*[1], d.h. der
Algorithmus, der bei der Auswertung des Operators ausgeführt wird, hängt
von dem Typ der Operanden ab. Ähnliches gilt für die Multiplikation: Auch
hier hängt der Auswertungs-Algorithmus ab vom Typ der Operanden: Ist
einer der Operanden ein String, der andere eine Ganzzahl, so bewirkt die
Multiplikation eine Wiederholung.

```
>>> "Hallo" + "Welt"
'HalloWelt'
>>> "10" * 5
'1010101010'
```

Aufgabe 2.9

Was ist der Wert der folgenden Ausdrücke:

(a) `10 * 2 * 2`
(b) `'10' * 2 * 2`
(c) `10 * '2' * 2`
(d) Sei `s` ein String und `x` und `y` jeweils Integer-Werte. Gilt dann stets:
    `s * x * y == s * (x * y)` ? Begründen Sie.

Der `in`-Operator ist in vielen Situationen hilfreich und wird häufig einge-   **`in`-Operator**
setzt. Er prüft, ob der linke Operand im rechten Operanden enthalten ist.

```
>>> "llo W" in "Hallo Welt hier bin ich"
True
```

Die Negation gibt es in Form der speziellen Syntax `not in`; hier ein Beispiel
dafür:

---

[1] Im Englischen spricht man hier auch von *Overloading*, im Deutschen von *Überladung*

```
>>> "llo W" not in "Hallo Welt hier bin ich"
False
```

Wir sehen später, dass der in-Operator für Listen und Tupel zwar eine ähnliche, jedoch leicht veränderte Bedeutung hat.

Aufgabe 2.10

Gegeben sei die Zahl 2^{100000}. Schreiben Sie Python-Code um zu testen,
...

   (a) ob diese Zahl vier direkt aufeinander folgende Einsen enthält, also
       die Folge 1111.
   (b) wie groß die maximale Länge direkt aufeinander folgender Einsen
       ist, die in der Ziffernfolge dieser Zahl enthalten ist.
   (c) wie groß die maximale Länge direkt aufeinander folgender gleicher
       Ziffern ist, die in der Ziffernfolge dieser Zahl enthalten ist.

2.5.2 Methodenschreibweise

Präfix vs. Infix

Bisher haben wir zwei mögliche syntaktische Formen kennengelernt, wie in Python Funktionsaufrufe geschrieben werden können. Wir stellen zunächst die „Form" der Notation – in der Informatik und Linguistik auch *Syntax* genannt – in einer Art dar, die in der Beschreibung von Programmiersprachen üblich ist, einer an die BNF (Backus-Naur-Form) angelehnte Notation; hierbei steht <name> für einen Platzhalter, der im Beispiel unten für einen konkreten Funktionsnamen oder ein konkretes Argument steht. Die Notation [...] steht für einen optionalen Teil der Syntax (d.h. könnte auch entfallen).

Hier also die beiden bisher verwendeten syntaktischen Formen für Funktionsaufrufe:

1. <functionname>([<argumentlist>]):

Präfix

Dies entspricht der in der Mathematik verwendeten Notation für Funktionsaufrufe – häufig sind Funktionen in der Mathematik ja mit f, g oder h bezeichnet. Der Aufruf einer Funktion f mit einem Argument (das häufig als x, y oder z bezeichnet wird) wird in der Mathematik dann als $f(x)$ geschrieben; diese Notation wird in Python (und den meisten anderen Programmiersprachen) direkt übernommen; wie in der Mathematik bewirken die nachgestellten runden Klammern die Ausführung der Funktion, in dem der Wert des übergebenen Arguments x an die Stelle der Parameter der Funktion eingesetzt wird. Beispiele für Funktionsaufrufe, die dieser Notation folgen, haben wir schon einige gesehen, beispielsweise:

```
>>> len('hallo')
5
>>> type(1)
int
>>> print('hallo')
hallo
```

2. `<operand1> op <operand2>`

   Auch diese Notation ist prinzipiell ein Funktionsaufruf, wobei der Operand der Funktionsname ist und zwischen den Argumenten steht. Diese Notation wird als Infix-Notation bezeichnet. Auch diese Notation ist an der Notation aus der Mathematik angelehnt. Beispiele hierfür sind: **Infix**

```
>>> 1 + 2
3
>>> '1' + '2'
'12'
```

3. `<objekt>.<methodname>([<argumentlist>])`

   Es gibt noch eine dritte Schreibweise, die in der *Objektorientierten Programmierung* üblich ist. Vergleicht man diese Methoden-Schreibweise mit der Präfixschreibweise $f(x)$ so würde man diesen Funktionsaufruf f auf das „Objekt" x in der Objektorientierten Programmierung wie folgt schreiben: $x.f()$. Wir gehen auf die Konzepte der Objektorientierten Programmierung später im Detail ein. Für jetzt genügt es zu wissen, dass eine „Methode" im Prinzip einer Funktion entspricht und ein Objekt einem Wert eines bestimmten Typs. **Postfix**

   Man kann diese Schreibweise auch als Postfix-Schreibweise bezeichnen, denn der Funktionsname steht nach dem Argument.

Für Anfänger mag es eigenartig scheinen, dass es drei unterschiedliche Schreibweisen für einen Funktionsaufruf gibt und es gibt tatsächlich auch einige Programmiersprachen, wie etwa LISP, die konsequent nur eine Schreibweise verwenden. Die meisten „Funktionen" in Python verwenden die Notationsart der Objektorientierten Programmierung. Tatsächlich ist es sogar so, dass selbst die erste Schreibweise in obiger Liste intern – nicht direkt sichtbar für den Programmierer – in Methodenschreibweise transformiert und erst anschließend ausgeführt wird.

2.5.3 `str`-Methoden

Möchte man wissen, welche Funktionen es für den Typ (in der Objektorientierten Programmierung würde man sagen „Klasse") `str` gibt, so kann man die `dir()`-Funktion verwenden; diese gibt die Namen aller Methoden dieses Typs als Python-Liste zurück; diese enthält als Strings die Methodennamen der jeweilige Klasse. Der `dir`-Aufruf für die Klasse `str` liefert hierbei die folgende Ausgabe (einige Teile sind ausgelassen und durch ... ersetzt): **dir**

```
>>> print(dir(str))
['__add__', '__class__', ...,
'capitalize', 'casefold', 'center', 'count', 'encode', 'endswith',
'expandtabs', 'find', 'format', 'format_map', 'index', 'isalnum',
'isalpha', 'isascii', 'isdecimal', 'isdigit', 'isidentifier',
'islower', 'isnumeric', 'isprintable', 'isspace', 'istitle',
'isupper', 'join', 'ljust', 'lower', 'lstrip', 'maketrans',
'partition', 'replace', 'rfind', 'rindex', 'rjust', 'rpartition',
'rsplit', 'rstrip', 'split', 'splitlines', 'startswith', 'strip',
'swapcase', 'title', 'translate', 'upper', 'zfill'
]
```

Methoden, die mit '__' beginnen sind sogenannte *Magic*-Methoden. Es handelt sich einerseits um Methoden die verschiedene Operatoren (wie +, - oder *) implementieren oder um Operationen für die es in Python eine spezielle Syntax gibt, wie etwa die Indizierungsoperatoren, die wir später noch kennenlernen werden. Zum Beispiel wird die Magic-Methode __add__ der str-Klasse aufgerufen, wenn man zwei str-Objekte mit dem +-Operator konkateniert.

Wir greifen im Folgenden beispielhaft einige str-Methoden heraus und erklären deren Funktionsweise. Der Leser sollte jedoch weitere Methoden wählen und mit diesen experimentieren und sich so mit dem Datentyp str als auch generell mit dem Umgang mit Methoden und Methodenaufrufen vertraut machen.

endswith   Die endswith-Methode überprüft, ob ein String mit bestimmten Zeichen endet und liefert einen entsprechenden booleschen Wert zurück. Hier ein Beispiel für die Verwendung dieser Methode:

```
>>> "Hallo Welt".endswith("elt")
True
```

Hier ist es wichtig zu wissen, dass der Name endswith nicht Teil des allgemeinen Python Namensraum ist. Python kennt den Namen endswith nicht direkt:

```
>>> type(endswith)
NameError: name 'endswith' is not defined
```

Namensraum   Wie wir schon im letzten Abschnitt gesehen haben, hängt der Methodenname immer am Typnamen und ist Teil des Namensraums des Typs str und entsprechend kann man die Methode endswith nur als str.endswith referieren:

```
>>> type(str.endswith)
method_descriptor
```

Tatsächlich könnte man – wenn auch unüblich – den obigen Aufruf von endswith folgendermaßen umschreiben und so zwischen Präfix-Schreibweise und Postfix-Schreibweise wechseln; das funktioniert für jeden Methodenaufruf.

```
>>> "Hallo Welt".endswith("elt")
True
```

```
>>> str.endswith("Hallo Welt", "elt")
True
```

Möchte man wissen, welche Parameter eine spezielle Methode erwartet,   help
so bietet es sich an, die Python-Funktion `help` zu verwenden, die den für
eine bestimmte Methode hinterlegten Eintrag im Manual (d.h. im Benutzer-
handbuch) anzeigt. Hier ein Beispiel für die Anwendung von `help` um den
Manual-Eintrag von `endswith` zu lesen:

```
>>> help(str.endswith)
  S.endswith(suffix[, start[, end]]) -> bool
  Return True if S ends with the specified suffix, False otherwise.
  ...
```

Die Ausgaben des `help`-Kommandos sind immer ähnlich aufgebaut: Sie beginnen mit dem Aufrufschema der Methode. Hierbei bedeutet `S.endswith(...)`,
dass `endswith` üblicherweise mit der normalen Methodensyntax aufgerufen
wird, d.h. der Methodenname in Postfix-Schreibweise an einen Wert `S` mit
einem Punkt als Trenner angehängt wird. Es folgt ein Argument, im Schema
als `suffix` bezeichnet und darauf folgen Argumente, die in der Syntaxbeschreibung in eckigen Klammern eingeschlossen sind; es handelt sich also
um optionale Argumente. Man beachte, dass die Notation mit den eckigen
Klammern Teil der Beschreibungssprache der Syntax selbst ist, nicht Teil der
Programmiersprache Python. Wie man sieht, enthält die Beschreibung auch
den Rückgabetyp eines `endswith`-Aufrufs, in diesem Fall den Typ `bool`. Auf
das Aufrufschema folgt eine kurze Beschreibung, was die Methode bewirkt.

Aufgabe 2.11

Welchen Rückgabewert hat ein Aufruf von `help`?

Aufgabe 2.12

Experimentieren Sie mit den beiden weiteren Parametern, die man der
`endswith`-Methode übergeben kann. Was bewirken diese?

Betrachten wir nun als weiteres Beispiel die Methode `replace`: Diese ver-   replace
ändert die Zeichenkette nicht, sondern sie erstellt stattdessen eine *neue* Zeichenkette mit den ersetzten Zeichen und gibt diese zurück. Eine direkte Veränderung der Zeichenkette wäre auch gar nicht möglich, wie wir später noch
sehen werden, denn Strings sind *unveränderliche* Objekte.

```
>>> s = 'challo Welt hier bin ich ch ch'
>>> s.replace("ch", "h")
'hallo Welt hier bin ih h h'
```

Eine im Folgenden häufig verwendete Methode wollen wir noch vorstellen.   split
Die `split`-Methode wandelt einen String anhand definierter Trennzeichen in

eine Liste von Strings um. Wird der `split`-Methode kein Argument übergeben, dann werden Whitespace-Zeichen (also Leerzeichen, Newline-Zeichen,
Tab-Zeichen) als Trenner verwendet.

Hier ein Beispiel für die Verwendung von `split` mit einem Argument:

```
>>> s = "Das | sind | verschiedene | Woerter"
>>> s.split(" | ")
['Das', 'sind', 'verschiedene', 'Woerter']
```

Hier ein Beispiel für die Verwendung von `split` ohne die Verwendung eines
Arguments; wie man sieht, wird in diesem Fall der String an Whitespace bzw.
Whitespace-Folgen aufgeteilt.

```
>>> s = " Hallo Welt hier\nbin ich"
>>> s.split()
['Hallo', 'Welt', 'hier', 'bin', 'ich']
```

Aufgabe* 2.13

Spendieren Sie 20-30 min und probieren Sie viele der obigen Methoden an Strings aus. Interessant und häufig verwendet sind beispielsweise die Methoden `count`, `find`, `index`, `isalpha`, `lower`, `upper`, `split`,
`partition`, usw.

Aufgabe 2.14

Angenommen in der Variablen `t` befinde sich ein Text. Geben Sie
Python-Code an, um …

(a) zu bestimmen, aus wie vielen Wörtern der String `t` besteht.
(b) zu bestimmen, aus wie vielen Zeichen der String `t` besteht.
(c) zu bestimmen, ob der String `t` mit einem Punkt endet.

Aufgabe* 2.15

Python als Taschenrechner: In dieser Aufgabe üben wir nochmals den
Umgang mit arithmetischen Operationen und String-Operationen.

    Geben Sie einen Python-Ausdruck an, der Folgendes berechnet:

(a) $1000 \cdot 12$
(b) $2 \cdot (8921 - 2348 + 123) - 400$
(c) 123^{456}
(d) $\frac{\sqrt{12^3 + 13^4}}{\sqrt{2}}$
(e) $2^{(2^{17})}$
(f) Die Anzahl der Ziffern in der Zahl $2^{(2^{17})}$
(g) Die 42. Ziffer der Zahl $2^{10\,000}$

(h) Die Anzahl der 4er in der Zahl $2^{10\,000}$

(i) ... ob die 1000-te Ziffer der Zahl $2^{10\,000}$ eine 1 oder eine 3 ist.

(j) ... ob die 1000-te Ziffer und die 2000-te Ziffer der Zahl $2^{10\,000}$ eine 1 oder eine 3 ist.

(k) ... ob die Zahl 345744 eine Quadratzahl ist.

2.6 Der Datentyp `list`

Listen sind eine häufig verwendete Datenstruktur. Eine Liste ist eine geordnete Sammlung verschiedener Werte, d.h. jeder Wert steht an einer bestimmten Position und kann mittels *Indizierung*, auch über diese Position innerhalb der Liste angesprochen werden. **Listenstruktur**

In Python werden Listen in eckigen Klammern eingeschlossen. In folgendem Beispiel wird eine Liste, die drei Integerwerte enthält, der Variablen `l` zugeordnet; man sieht, dass die Liste eine Länge besitzt, die mittels der `len`-Funktion zurückgeliefert werden kann. **Notation**

```
>>> l = [1,2,3]
>>> len(l)
3
```

Aufgabe 2.16

Welche Werte haben die folgenden Python-Ausdrücke:

(a) `len(['Hallo', 'Welt'])`

(b) `len(str([1,2,3]))`

(c) `len(str(['Hallo', 'Welt']))`

Die Auswahl eines Elementes (oder mehrerer Elemente) aus einer Liste oder einem anderen Sequenz-Typ (wie etwa einem String) nennt man *Indizierung*. Die Syntax für die Indizierung verwendet ebenso die eckigen Klammern und ein Indexoperator muss immer unmittelbar nach einem Objekt stehen. Eckige Klammern, die direkt nach einem Objekt stehen, bezeichnen also immer eine Indizierung. **Indizierung**

Hier sieht man ein erstes Beispiel für eine Indizierung; in der ersten Zeile wird ein Listenobjekt erstellt, das vier Zahlen enthält; dieses Listenobjekt wird der Variablen `l` zugewiesen. In der darauf folgenden Zeile sieht man die Anwendung des Indizierungsoperators, mit dem das Element an der Indexposition 1 ausgewählt wird.

```
>>> l = [1,2,3,4]
>>> l[1]
2
```

Es mag zunächst überraschend sein, dass der Wert 2 an der Indexposition 1
steht; die Index-Zählung fängt in Python immer bei 0 an und somit steht in
der obigen Liste der `int`-Wert 1 an der Indexposition 0 und der `int`-Wert 2
an der Indexposition 1 usw.

Indizierung
für `str`

Diese Form der Auswahl eines einzelnen Elements funktioniert bei `str` genauso. Die Indizierung beginnt auch dort immer bei 0, das umgangssprachlich
erste Element der Liste hat also den Index 0. Das folgende Beispiel zeigt die
Indizierung für Strings.

```
>>> "Hello World"[0]
'H'
>>> s = "Hello World"
>>> s[4]
'o'
```

Beliebige
Werte in
Listen

In Python ist es möglich, Werte eines beliebigen Datentyps, zum Beispiel
auch andere Listen, in eine gemeinsame Liste zu packen; dies ist in statisch getypten Programmiersprachen nicht so einfach möglich. Das folgende Beispiel
zeigt eine Liste, die Elemente unterschiedlichen Typs enthält. In der letzten
Zeile sieht man, dass man den Indizierungsoperator im Falle geschachtelter
Strukturen auch mehrmals anwenden kann.

```
>>> a_list = [1,[2,3], ['Hello', 'World', 1.], 'Last']
>>> a_list[2]
['Hello', 'World', 1.0]
>>> a_list[2][1]
'World'
>>> a_list[2][1][0]
'W'
```

Die Aussage, dass Listen beliebige Werte enthalten können, beinhaltet
auch die Möglichkeit, dass diese Funktionen enthalten; in Python sind Funktionen auch Werte, genau wie Zahlen, boolesche Werte oder Zeichenketten.

Aufgabe 2.17

Welchen Wert hat der folgende Ausdruck? Erklären Sie.

```
>>> ([len, type, 1,2,3][1])(['Hallo', 'Welt'][0])
```

Veränderlich-
keit

Im Gegensatz zu Strings sind Listen veränderlich. Man kann also einzelne
Einträge verändern, d.h. löschen oder auch neue Elemente hinzufügen, ohne
die Identität des Objekts zu ändern. Veränderung kann auch über Indizierung
erfolgen; so wird etwa in der zweiten Zeile des folgenden Code-Beispiels der
an Index-Position 1 befindliche Wert von `1.3` auf `100` verändert.

```
>>> l = [1, 1.3, 'Hallo', [1,2]]
>>> l[1] = 100
>>> l
[1, 100, 'Hallo', [1, 2]]
```

2.6.1 `list`-Operatoren

Ähnlich wie für Strings sind auf dem Typ `list` auch die Operatoren +, * und in definiert.

Der +-Operator hat genau die gleiche Semantik wie im Falle von Strings, nämlich die Konkatenation zweier Listen:

Anhängen von Elementen mit +

```
>>> [8,9,10] + ['acht', 'neun', 'zehn']
[8, 9, 10, 'acht', 'neun', 'zehn']
```

Gelegentlich wird der +-Operator auch dazu verwendet ein einzelnes Element an eine vorhandenen Liste anzuhängen, was in folgendem Beispiel gezeigt ist: Hier wird ein weiterer String an eine String-Liste angehängt:

```
>>> l = ['Hello', 'World', 'here', 'I']
>>> l = l + ['am']
>>> l
['Hello', 'World', 'here', 'I', 'am']
```

Die Zuweisung in der zweiten Zeile des obigen Code-Beispiels kann übrigens auch in der Kurzschreibweise `l += ['am']` geschrieben werden.

Der in-Operator funktioniert ähnlich wie bei Strings aber nicht gleich: Er prüft, ob die Liste ein bestimmtes Element enthält, wie das folgende Beispiel zeigt:

in

```
>>> l = ['Hallo', 'Welt', 'hier', 'bin', 'ich']
>>> 'Welt' in l
True
>>> 'llo' in l
False
>>> 3 in ['3' , [3]]
False
```

Fast ebenso wie auf Strings funktioniert die Multiplikation bei Listen, wie in folgendem Beispiel zu sehen:

```
>>> [1,2]*10
[1, 2, 1, 2, 1, 2, 1, 2, 1, 2]
>>> [[1,2]]*10
[[1, 2], [1, 2], [1, 2], [1, 2], [1, 2], [1, 2], [1, 2], [1, 2], [1, 2], [1, 2]]
```

Aufgabe 2.18

Welchen Wert haben die folgenden Ausdrücke. Erklären Sie und versuchen Sie den Wert jeweils zunächst ohne Zuhilfenahme des Python-Interpreters zu bestimmen.

(a) `len([1,2]*10`
(b) `len([[1,2]]*10`
(c) `len('Hallo')*10`
(d) `len(['Hallo']*10`

2.6.2 `list`-Methoden

Wie im Falle der Klasse `str` kann man sich die Methoden des `list`-Datentyps
mittels der `dir`-Funktion anzeigen lassen:

```
>>> dir(list)
[..., 'append', 'clear', 'copy', 'count', 'extend',
'index', 'insert', 'pop', 'remove', 'reverse', 'sort']
```

Wie betrachten hier einige der Methoden; jedoch sollte der Leser *alle* Methoden ausprobieren, um den Umgang mit Methoden und dem Typ `list` zu
üben.

count   Die Methode **count** zählt, wie oft das übergebene Element in der Liste
enthalten ist. Hier ein einfaches Beispiel:

```
>>> l = [1,2,1,1,4,5,10,11,12,1,13]
>>> l.count(1)
4
```

append   Mit der **append**-Methode kann man an eine Liste ein Element anhängen.

```
>>> l = [1,2,3]
>>> l.append(10)
>>> l
[1,2,3,10]
```

Wie man sieht, produziert die Methode **append** *keinen* Rückgabewert. Sie
gibt keine veränderte Liste zurück, sondern verändert die Liste, die sie aufgerufen hat. Die Methode **append** ist also ein reines *Kommando*. Eine vergleichbare Methode gibt es für Strings nicht, da Strings nicht verändert werden
können.

Aufgabe 2.19

Welchen Wert hat `t` und welchen Wert hat `l` nach Ausführung der folgenden Kommandos. Erklären Sie.

```
>>> t = type(l.append(11))
>>> l = l.append(1000)
```

+ vs. append   Möchte man ein Element an eine Liste anhängen, dann gibt es dafür also
zwei Möglichkeiten, die im Ergebnis zwar äquivalent sind, sich jedoch dahin-
gehend unterscheiden, dass die erste Möglichkeit das Listenobjekt verändert,
die zweite ein neues Listenobjekt erzeugt. Hier ein Beispiel für die erste Möglichkeit, das Element 100 an die Liste `l` anzuhängen:

```
>>> l = [1,2,3]
>>> l.append(100)
>>> l
[1,2,3,100]
```

Hier ein Beispiel für die zweite Möglichkeit, das Element 100 an die Liste
anzuhängen. Hier wird der +-Operator verwendet und so ein neues Objekt
erzeugt:

```
>>> l = [1,2,3]
>>> l = l + [100]
>>> l
[1,2,3,100]
```

Der nächste Abschnitt, in dem wir Objektidentitäten betrachten, wird den
Unterschied zwischen diesen beiden Möglichkeiten noch klarer machen.

2.7 Referenzen

Im Gegensatz zu anderen Programmiersprachen wie etwa C oder C++ kann **Speicherma-**
man in Python nicht direkt mit Referenzen (auch Zeiger genannt) arbeiten **nagement**
und auch nicht direkt über ein Kommando in den Speicher schreiben. Das
passiert alles indirekt mittels Zuweisungen von Objekten an Variablen; der
Programmierer hat darüber keine weitere Kontrolle. Das gesamte Speichermanagement erfolgt in Python automatisch (Automatic Memory Management). Das hat den Vorteil, dass der Programmierer weniger Möglichkeiten
hat, Fehler zu machen.

Allerdings sollte man sich dennoch darüber bewusst sein, wie Python stan- **Überraschen-**
dardmäßig mit Zeigern verfährt und Objekte speichert, denn in manchen **des**
Fällen führt Pythons Art, Objekte zu speichern, zu einem nicht-intuitiven **Verhalten**
Verhalten, das ohne ein Wissen über die Art, wie Python Objekte speichert,
nicht nachvollziehbar ist; der folgende Code-Ausschnitt ist ein Beispiel dafür:

```
>>> l = ['Hello', 'World', 'here', 'I', 'am']
>>> r = l
>>> r[0] = 1000
>>> r
[1000, 'World', 'here', 'I', 'am']
>>> l
[1000, 'World', 'here', 'I', 'am']
```

Die ersten fünf Zeilen sind wenig überraschend: Es wird eine Liste definiert
und der Variable l zugewiesen. Dann wird eine neue Variable r definiert und
diese gleich l gesetzt. Anschließend – soweit dürfte auch die Intuition des
Lesers noch richtig sein – enthält r und l die gleiche Liste. In der dritten
Zeile wird das Element an der Indexposition 0 auf den Wert 1000 gesetzt.
Vorher stand dort der String 'Hello' und r enthält danach – auch hier
dürfte die Intuition des Lesers noch richtig sein – ganz links den Wert 1000.
Was aber überrascht, sind die letzten beiden Zeilen: Auch l scheint von der
Änderung der Liste r betroffen zu sein und enthält jetzt auch ganz links den
Wert 1000. Wie ist das zu erklären, vor allem vor dem Hintergrund, dass die

Designer von Programmiersprachen natürlich immer bemüht sind, dass sich
eine Programmiersprache möglichst intuitiv verhält?

Hierzu müssen wir verstehen, was wirklich passiert, wenn man einer Variablen den Wert einer anderen Variablen zuweist: Hierzu ist die Verwendung
der Funktion id hilfreich, welche die (logische) Speicheradresse[2] eines Objekts
zurückliefert.

```
>>> x = 2
>>> y = x
>>> id(x)
140726567744336
>>> id(y)
140726567744336
```

Wie man sieht, ist nach dieser Zuweisung die Speicheradresse von x und y
identisch, d.h. beide zeigen auf dieselbe Stelle im (logischen) Speicher. Dies
ist bei einfachen Datentypen (und manchen zusammengesetzten Datentypen
ebenfalls) auch keinerlei Problem, da diese *unveränderlich* sind und der im
vorletzten Codebeispiel angesprochene Effekt gar nicht auftreten kann.

Veränderung int-Wert in Variablen

Betrachten wir nochmals den Effekt, den eine Erhöhung eines in einer
Variablen gespeicherten int-Wertes hat. Eine Zuweisung wie:

```
>>> id(y)
140726567744336
>>> y = y + 2
>>> id(y)
140726567744400
```

führt dazu, dass eine **neue** Referenz erzeugt wird; das liegt in der Natur des
Additions-Operators (wie übrigens auch der anderen arithmetischen Operatoren wie *, - oder **): Dieser erzeugt immer ein neues Objekt und nach der
Zuweisung enthält die Variable y die Referenz auf dieses neue Objekt; entsprechend unterscheidet sich die Speicheradresse auf die y vor der Zuweisung
zeigt von der auf die y nach der Zuweisung zeigt.

Analoges Verhalten für andere Datentypen

Analoges gilt natürlich für andere Datentypen auch, die arithmetische
Operatoren nutzen. Das folgende Code-Beispiel zeigt dies für den Fall eines
in der Variablen z befindlichen Strings 'Hallo', an den über den +-Operator
das Zeichen '!' angehängt wird.

```
>>> z = 'Hallo'
>>> id(z)
1615521811312
>>> z = z + '!'
>>> z
'Hallo!'
>>> id(z)
1615517449648
```

---

[2] „Logisch" nennt man die Speicheradresse deshalb, weil Python nicht direkt auf dem
Prozessor des Rechners „läuft", sondern auf einer virtuellen Maschine; die Speicheradresse
ist deshalb nicht die Adresse einer Speicherzelle auf dem Rechner, sondern die Adresse
einer Speicherzelle der virtuellen Maschine.

Pythons Speichermanagement

Und die „alte" Referenz? Hier gibt es im Python-Code keine Stelle mehr, die darauf zeigt und diese alte Referenz samt altem Wert werden vom automatischen Speichermanagement weggeräumt. Man spricht auch von *automatic memory management* (Speichermanagement) und *garbage collection* (Aufräumen nicht mehr benötigter Werte). Diese Arbeiten müssen in lower-level-Programmiersprachen wie C vom Programmierer selbst übernommen werden.

Aufgabe 2.20

Gegeben sind zwei Variablen `l1` und `l2`, die dieselbe Liste enthalten und etwa über den folgenden Code erzeugt sind:

```
>>> l1 = [1,2,3]
>>> l2 = l1
```

Erklären Sie das unterschiedliche Verhalten für die beiden „Arten" ein Element an eine Liste anzuhängen:

(a) Anhängen über den +-Operator

```
>>> l2 = l2 + [100]
>>> l2
[1,2,3,100]
>>> l1
[1,2,3]
```

(b) Anhängen über `append`

```
>>> l2.append(100)
>>> l2
[1,2,3,100]
>>> l1
[1,2,3,100]
```

2.8 Der Datentyp `tuple`

Ein Tupel ist, ähnlich wie eine List, eine Sequenz beliebiger Datentypen. Syntaktisch werden `tuple`-Werte mit umschließenden runden Klammern notiert.

```
>>> type((1,'a'))
tuple
```

Die Indizierung von Elementen und die Operatoren +, * und in funktionieren analog wie bei Listen. Der entscheidende Unterschied zu Listen ist die Unveränderlichkeit von Tupel-Objekten. Eine Konsequenz davon ist etwa, dass der Versuch, eine Stelle eines Tupels zu ändern, nicht erlaubt ist. So erzeugt der folgende Code

```
>>> t = (1,2,3)
>>> t[1]=2
```

einen `TypeError`.

2.9 Indizierung

Sequenzarti-
ge Werte
Wir haben bereits die Möglichkeit kennengelernt, einzelne Elemente eines
Sequenzwertes zu selektieren mittels der Notation mit eckigen Klammern,
die dem Objekt folgen, wie in folgendem Beispiel in Zeile 2 gezeigt:

```
>>> l = [1,2,3]
>>> l[1]
2
```

Praktisch alle sequenzartigen Typen in Python können indiziert werden. Se-
quenzartig ist ein Objekt dann, wenn es mehrere Werte enthält, die in einer
Reihenfolge angeordnet sind. Dies ist beispielsweise der Fall für Listen, Tupel
und Strings.

Syntax
Die Syntax der Indizierung besteht immer aus einem in eckigen Klammern eingeschlossenen Indexausdruck, der der Sequenz folgt; diesen nennen
wir auch *Indizierungsoperator*. Die Syntax kann schematisch folgendermaßen
dargestellt werden.

```
<sequence>[<indexexpr>]
```

Aufgabe 2.21

Ist der Indizierungsoperator ein Infix-, ein Präfix- oder ein Postfix-
Operator?

Die oben gezeigte Indizierungsart ist nur eine unter vielen: Wie wir gleich
sehen werden, gibt es verschiedene Indizierungsarten; aber alle verwenden die
eben beschriebe Syntax. Die verschiedenen Indizierungsarten erlauben die ...

- Auswahl eines einzelnen Elements.
- Auswahl eines Teilbereichs (Slicing)
- Auswahl eines Teilbereichs mit Schrittweite (Extended Slicing)

2.9.1 Indizierungsart 1: Auswahl eines einzelnen Elements

Wir starten mit dem einfachsten Fall: Der Auswahl eines einzelnen Elements. **Indexwert 0**
In den meisten Programmiersprachen beginnt die Indizierung von Sequenzen
fast ausnahmslos mit dem Indexwert 0; auch in Python ist dies der Fall. Das
erste Element der Sequenz hat also immer den Index 0, das letzte Element
entsprechend den Index „Sequenzlänge minus Eins".

Betrachten wir als Beispiel einer Sequenz den folgenden String s:

```
>>> s = 'Das enthaelt kein icks'
```

Die folgende Tabelle zeigt die Elemente der Sequenz zusammen mit den jeweiligen Indexwerten.

Sequenz	D	a	s		e	n	t	h	a	e	l	t		k	e	i	n		i	c	k	s
Index	0	1	2	3	4	5	6	7	8	9	10	11	12	13	14	15	16	17	18	19	20	21

Der letzte Indexwert einer Sequenz s ist also immer `len(s)-1` und somit ist
der Index `len(s)` kein gültiger Index der Sequenz mehr.

```
>>> s[1]
'a'
>>> s[len(s)]
... IndexError ...
```

Hat man es mit verschachtelten Sequenzen zu tun, also Sequenzen, die **Schachte-**
ihrerseits Sequenzen enthalten, so kann auch der Indizierungsoperator ge- **lung des**
schachtelt werden. Hier ein Beispiel, für eine geschachtelte Indizierung einer **Indizierungs-**
verschachtelten Liste, die wiederum Listen und Sequenzen enthält. **operators**

```
>>> l = ['Hallo', 1, 2, 'noch ein String, der Woerter enthalt'.split(), 10]
>>> l[3][1][2]
'n'
```

Hier wird also zunächst das Element mit Index 3 selektiert; dabei handelt es
sich um eine Liste, die Strings enthält. Von dieser Stringliste wiederum wird
das Element mit Index 1 selektiert; dies ist in diesem Fall der String `'ein'`.
Von diesem String wird schließlich das Element mit Index 2 selektiert.

Aufgabe 2.22

Gegeben seien die folgenden Deklarationen:

```
>>> s = 'Hallo Welt hier bin ich und tippe.'
>>> l = [6,3,9,"HallO", [1,2,3,[2,30]], [[0]]]
>>> t = (1,5,9,(4,5,6), (1,2), (3,4), "Hallo")
```

Geben Sie nun – ohne Verwendung des Python-Interpreters – die Werte
der folgenden Ausdrücke an:

(a) `l[1]`
(b) `s[1]`

(c) `l[4][3][1]`
(d) `s.split()[2]`
(e) `s.split()[2][2]`

2.9.2 Indizierungsart 1b: Indizierung mit negtiver Zahl

Häufig möchte man das letzte oder vorletzte Element einer Sequenz selektieren. Wir haben gesehen, dass man das letzte Element einer Sequenz s über den Ausdruck `s[len(s)-1]` erhalten kann. Alternativ und viel einfacher in der Schreibweise erhält man das letzte Element über den Ausdruck `s[-1]`, das zweitletzte über den Ausdruck `s[-2]` usw.

Folgende Zeilen geben ein konkretes Beispiel hierfür:

```
>>> s = 'Hallo Welt hier bin ich und tippe.'
>>> s[-1]
'.'
>>> s[-2]
'e'
```

Aufgabe 2.23

Gegeben sei der String

```
>>> s = 'Wer reitet so spaet durch Nacht und Wind'
```

Verwenden Sie negative Indizierung, um ...

(a) das vorletzte Zeichen von s auszuwählen.
(b) das letzte Wort von s auszuwählen.
(c) das letzte Zeichen des vorletzten Worts von s auszuwählen.

2.9.3 Indizierungsart 2: Auswahl einer Teilsequenz (Slicing)

Syntax   Mittels Indizierung können auch ganze Bereiche einer Sequenz ausgewählt werden. Diese Art der Indizierung nennt man *Slicing*. Hierzu muss man einen Startindex und einen Endindex angeben, die über einen Doppelpunkt getrennt werden, wie in folgendem Syntax-Schema gezeigt:

```
<sequenz>[<startindex>:<endindex>]
```

Hier ist der Endindex immer *exklusiv* zu betrachten, d.h. das Element mit Index `<endindex>` wird nicht mehr mit ausgewählt. Dieses Verhalten scheint zunächst wenig intuitiv, es gibt aber gute Gründe dafür, den rechten Index exklusiv zu nehmen, wie wir gleich sehen werden.

Hier einige Beispiele für Indizierungen und die Ergebnisse mit der Bei- **Beispiel**
spielliste:

```
>>> l = ["Hallo", 1, 2, "noch ein String, der Woerter enthaelt".split(), 10]}
>>> l[0:3]
['Hallo', 1, 2]
>>> l[3][2:5]
['String,', 'der', 'Woerter']
```

Man kann auch einen, oder auch beide Parameter weglassen. Dann werden **Implizite**
diese durch den Defaultwert in der jeweiligen Situation ersetzt; Defaultwert **Parameter**
für den <startindex> ist i.A. der Index 0, Defaultwert für den <endindex> ist
i.A. so gewählt, dass er das letzte Element der Liste mit einschließt. Allgemein
kann man sagen, dass ein impliziter Parameter automatisch so gesetzt wird,
dass dadurch ein größtmöglicher indizierter Bereich entsteht.

Folgendes Beispiel zeigt, was das Weglassen des Startindexes bewirkt: Alle **Impliziter**
Elemente werden von Anfang an ausgewählt. **Startindex**

```
>>> s = 'Welt hier bin ich und tippe.'
>>> s[:4]
'Welt'
```

An dieser Stelle wird klarer, warum das Prinzip, den Endeindex exklusiv
zu betrachten, Sinn macht: Die Indizierung s[:4] kann so ganz intuitiv als
„wähle die ersten vier Elemente aus" gesehen werden.

Will man die Elemente einer Sequenz ab einem bestimmten Index bis **Impliziter**
ans Ende (*inklusive des Endes*) selektieren, so geht es am einfachsten durch **Endeindex**
Weglassen des Endeparameters:

```
>>> s[-5:]
'ippe.'
```

Lässt man beide Grenze weg, wird die komplette Sequenz zurückgegeben. **Impliziter**
Start- und
Endeindex
```
>>> s[:]
'Das enthaelt kein icks'
```

Da der Indizierungsoperator immer ein neues Sequenzobjekt zurückliefert,
kann man den Ausdruck s[:] auch dazu verwenden, das Objekt physisch zu
kopieren.

Aufgabe 2.24

Sei s eine Sequenz. Geben sie einen Python-Ausdruck an, der eine Sequenz zurückliefert, die ...

(a) alle Elemente von s enthält, außer dem ersten.
(b) alle Elemente von s enthält, außer dem letzten.
(c) die letzten beiden Elemente enthält.
(d) die ersten 10 Elemente enthält.

2.9.4 Indizierung eines Teilbereichs mit Schrittweite (Extended Slicing)

Syntax Eine Erweiterung der Möglichkeit, einen Teilbereich auszuwählen, ist das sog. *Extended Slicing*, womit man zusätzlich eine Schrittweite angeben kann; auch eine negative Schrittweite ist möglich, dies entspricht dann einem Rückwärtslauf durch den gewählten Teilbereich. Das vollständige Syntax-Schema für die Indexierung von Sequenzen lautet:

```
<sequenz>[<startindex>:<endindex>:<step>]
```

Mit dem optionalen dritten Parameter kann man die Schrittweite festlegen, d.h. die Distanz zwischen zwei aufeinanderfolgenden Indizes, die ausgewählt werden.

Beispiel In folgendem Beispiel wird mittels range eine Liste von Ganzzahlen von 0 bis (ausschließlich) 20 erzeugt und diese in eine Liste umgewandelt – ein range-Objekt selbst ist lazy-Objekt und nicht vollständig zu einer Liste ausgewertet und daher auch im eigentlichen Sinne nicht als Sequenz zu betrachten; deshalb ist hier die Umwandlung in eine Liste notwendig, damit die Indizierung funktioniert.

```
>>> l = list(range(20))
>>> l[4:12:2]
[4, 6, 8, 10]
```

Man sieht, dass hier der Teilbereich zwischen Indexposition 4 und Indexposition (ausschließlich) 12 ausgewählt wird und diese Auswahl mit Schrittweite 2 durchlaufen wird, d.h. nur jedes zweite Element wird ausgewählt.

negative Schrittweite Wenn man eine negative Schrittweite verwendet, muss der Startindex größer sein als der Endindex, da die Sequenz rückwärts durchlaufen wird.

```
>>> l[12:4:-2]
[12, 10, 8, 6]
>>> l[2:10:-2]
[]
```

Man kann mittels Extended Slicing eine Sequenz umdrehen, wie folgendes Beispiel zeigt.

```
>>> s[::-1]
'skci niek tleahtne saD'
>>> (1,2,3,4)[::-1]
(4, 3, 2, 1)
```

Aufgabe 2.25

Lösen sie die folgende Aufgabe mit Hilfe von Indizierung. Berechnen sie die Summe aller durch 11 teilbarer Zahlen zwischen 0 und 10000 –

dazu sollten sie die Funktion `sum` verwenden, die die Elemente in einer Sequenz summiert.

Aufgabe 2.26

Gegeben sei:

```
satz = "Hallo Welt ich lebe hier auf der Erde und bin gluecklich"
```

Selektieren Sie unter Verwendung der `split`-Methode und der Indizierungs-Operatoren ...

(a) die ersten 3 Buchstaben dieses Satzes.
(b) die ersten 3 Wörter dieses Satzes.
(c) die letzten beiden Wörter dieses Satzes.
(d) vom vorletzten Wort die letzten beiden Buchstaben.

Aufgabe* 2.27

In der Variablen `l` befinde sich der folgende Wert:

```
>>> l
['Hallo', [1, 2, 3], range(0, 5), 10, 20, 30, 40, (1, 2, 3)]
```

Geben Sie den Wert des jeweiligen Ausdrucks an:

(a) `l[1]`
(b) `l[-1][0]`
(c) `l[-2:]`
(d) `l[1:3]`
(e) `l[::2]`
(f) `l[::-1]`
(g) `l[0][-1]`

2.10 Vergleiche zusammengesetzter Typen

Die Vergleichsoperatoren < und > können in Python nicht nur für Vergleiche zweier numerischer Werte, sondern auch für Vergleiche zusammengesetzter Datentypen wie `str`, `list` oder `tuple` verwendet werden.

Lexikographische Vergleiche

Die Vergleichsoperatoren < und > werden auf Methodenaufrufe der Magic-Operatoren `__lt__` und `__gt__` („greater than" und „less than") umgeleitet.

Dabei werden Sequenzen (wie Listen und Strings) in Python immer *lexikographisch* verglichen, wobei Buchstaben anhand ihres ASCII-Wertes verglichen werden.

Beim lexikographischen Vergleich zwischen zwei Sequenzen beginnt man bei den jeweils ersten Elementen und vergleicht diese miteinander. Sind diese zwei Elemente *ungleich*, so gilt dieses Ergebnis des Vergleichs als Ergebnis des Vergleichs der beiden gesamten Sequenzen. Beispielsweise liefert der folgende Vergleich den Wert True.

```
>>> 'a9999' < 'b1111'
True
```

Der Grund dafür ist, dass 'a'<'b' gilt – dies folgt der Reihenfolge, in der die Buchstaben in Python codiert sind; in diesem Fall ist die einfache ASCII-Kodierung ausschlaggebend.

Wenn die ersten beiden Elemente gleich sind, wird das jeweils zweite Element der Sequenzen miteinander verglichen, wie folgendes Beispiel zeigt.

```
>>> 'a911' < 'a199'
False
```

Das Ergebnis ist deshalb False, da die ersten Elemente der Sequenzen 'a911' und 'a199' gleich sind, aber das zweite Element '9' der Sequenz 'a911' größer ist als das zweite Element '1' der Sequenz 'a199'. Die restlichen Elemente der Sequenz werden dann nicht mehr betrachtet.

Sollte auch das zweite Element *gleich* sein, fährt man mit dem nächsten Element nach dem gleichen Muster fort. Falls eine der beiden Sequenzen kein nächstes Element mehr hat, so ist sie kleiner.

```
>>> 'abcd' < 'abcde'
True
```

Vergleicht man alphabetische Zeichenketten, so erhält man durch die lexikographische Sortierung genau die Sortierung, die man von Wörterbüchern kennt.

```
>>> 'aalen' < 'albstadt'
True
```

Nicht nur Strings lassen sich in dieser Art vergleichen, sondern auch andere Sequenzwerte, wie Listen oder Tupel:

```
>>> [2] < [1,0,0,0]
False
>>> (4,1) < (5,0)
True
```

2.11 Kommandos zur Kontrollfluss-Steuerung

Jedes sinnvolle Programm erfordert die Möglichkeit, den Kontrollfluss zu steuern und die Möglichkeit der Kontrollfluss-Steuerung ist ein wesentliches Merkmal, das eine Programmiersprache von einem einfachen Taschenrechner unterscheidet (siehe Abschnitt 1.6).

Was bedeutet Kontrollfluss-Steuerung? Normalerweise wird ein Programm von oben nach unten abgearbeitet. Eine Programmiersprache braucht die Möglichkeit in bestimmten Situationen in diesen Kontrollfluss einzugreifen. Die drei wichtigsten Kommandos in Python zur Kontrollfluss-Steuerung, die wir in diesem Buch behandeln werden, sind:

- `if ... else` - Kommando
- `for`-Schleife
- `while`-Kommando

Jedes dieser Kommandos zur Steuerung des Kontrollflusses arbeitet mit Anweisungsblöcken, die entweder wiederholt, übersprungen oder nur dann ausgeführt werden, wenn bestimmte Bedingungen gelten. Anweisungsblöcke werden in Python stets durch einen Doppelpunkt eingeleitet und die folgenden Kommandos durch einheitliche Einrückung als zum Block gehörig definiert.

2.11.1 Einrückung

In Python ist Einrückung Teil der Syntax. In vielen Programmiersprachen werden zusammengehörige Anweisungsblöcke durch geschweifte Klammern gekennzeichnet. In Python dagegen werden Anweisungsblöcke durch gleiche Einrückung als zusammengehörend markiert und durch ein : in der vorherigen Zeile eingeleitet. Ein Block innerhalb eines anderen Blocks muss dabei tiefer (weiter) eingerückt werden als der umgebende Block. Wie viele Leerzeichen oder welche Leerzeichen eine Einrückung enthält ist nicht relevant. Oft verwendet werden vier Leerzeichen oder ein Tab-Zeichen. Beispiel:

Einrückung

```
Anweisung 1
Anweisung 2
Anweisung 3:
    Anweisung 4
    Anweisung 5:
        Anweisung 6
        Anweisung 7
    Anweisung 8
Anweisung 9
```

Die Anweisungen 1,2,3 und 9 bilden einen Block (Block 1). Die Anweisungen 4,5 und 8 bilden einen Unter-Block innerhalb von Block 1 (Block 2) und Anweisungen 6 und 7 bilden einen weiteren Block innerhalb von Block 2.

Sobald eine Anweisung weniger tief eingerückt ist als die vorherige wird der Anweisungsblock automatisch geschlossen.

Schließen eines Blocks

```
Anweisung 1:
    Anweisung 2
Anweisung 3:
    Anweisung 4
```

Die Anweisungen 2 und 4 bilden keinen gemeinsamen Block, obwohl sie gleich tief eingerückt sind, da der Block mit Anweisung 2 durch Anweisung 3 geschlossen wird.

2.11.2 while-Schleifen

Zwei Arten von Schleifen in Python   Eine Schleife enthält einen Anweisungsblock, der mehrmals ausgeführt werden kann. Python kennt nur zwei Arten von Schleifen, nämlich die while-Schleife und die for-Schleife. Eine while-Schleife ist die allgemeinere Art der Schleife, d.h. jede durch eine for-Schleife programmierte Funktionalität könnte auch immer durch eine while-Schleife programmiert werden, jedoch nicht umgekehrt.

Syntax der while-Schleife   Eine while-Schleife führt den Anweisungsblock so lange aus, wie eine bestimmte Bedingung erfüllt ist und sie stoppt erst dann, wenn diese Bedingung nicht mehr erfüllt ist. Das Syntax-Schema können wir wie folgt darstellen:

```
while <boolexpr>:
    <command1>
    <command2>
    ....
```

Dem Schlüsselwort while folgt also ein boolescher Ausdruck. Solange dieser Ausdruck zu True ausgewertet wird, werden die Kommandos im Anweisungsblock immer wieder ausgeführt.

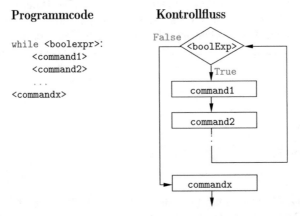

Beispiel   Folgendes Beispiel zeigt eine Schleife, die den Wert der Variablen i in jedem Durchlauf um eins erniedrigt.

```
>>> i = 10
>>> while i>0:
>>>    print(i, end=" ")
>>>    i = i-1
10 9 8 7 6 5 4 3 2 1
```

Anfangs wird der Wert der Variablen i auf 10 gesetzt und die Kommandos im while-Schleifen-Anweisungsblock solange ausgeführt, wie der Wert von i größer als Null ist. Übrigens kann man mit dem end-Parameter des print-Kommandos spezifizieren, welches Zeichen nach der Ausgabe ausgegebenen wird; standardmäßig ist dies das Newlinezeichen '\n'.

Aufgabe 2.28

Geben Sie die Zahlen von 0 bis 9 aus, indem sie eine while-Schleife verwenden.

Als weiteres Beispiel verwenden wir eine while-Schleife, um den Teil eines in der Variablen s gespeicherten Strings in eine Variable s2 zu speichern, der vor dem ersten Vorkommen eines 'X' steht. Hierzu schneiden wir den Teilstring bis zum ersten Vorkommen von 'X' aus und speichern diesen in der Variablen s_neu.

```
s = "Gestern war ich froh, bis ich Xylophon spielen musste"
```

for-Schleifen bieten sich insbesondere dann an, wenn man weiß, wie oft man eine Schleife durchlaufen will und den Anweisungsblock der Schleife auch immer genau so oft ausführen will. Das führt bei dem vorliegenden Beispiel dazu, dass die Schleife nicht abbricht, obwohl bereits ein Abbruchkriterium eingetreten ist, also nachdem wir das erste 'X' gesehen haben.

Wenn man nicht genau weiß, wie oft man eine Schleife durchlaufen muss, beziehungsweise wenn es ein explizites Kriterium gibt, an dem man entscheiden kann, ob man fertig ist oder nicht, bietet sich eine while-Schleife an; dies ist in diesem Fall die einzig sinnvolle Möglichkeit.

```
s2 = ''
i=0
while s[i]!='X':
    s2 = s2 + s[i]
    i = i + 1
```

Zuerst legen wir über die Zuweisung s2 = '' eine Variable mit dem Bezeichner s2 an, in der wir das Ergebnis speichern. Diese initiieren wir mit einer leeren Zeichenkette.

Die Variable i stellt eine Laufvariable dar, mit der wir über den Index der Sequenz iterieren können.

```
>>> while s[i]!="X":
```

Wir erinnern uns, dass while-Schleifen genau so oft durchlaufen werden, wie die im Schleifenkopf angegebene Bedingungen True ist. Wir wollen weitermachen, solange das aktuell betrachtete Element (angesprochen über den Index) ungleich 'X' ist.

```
>>> s2 = s2 + s[i]
>>> i = i + 1
```

Da wir die Überprüfung, ob wir weitermachen müssen oder nicht bereits im Schleifenkopf gemacht haben, braucht es im Schleifenkörper keine if Bedingung mehr. Wir wissen also bereits, dass wir noch kein 'X' gesehen haben und können daher das aktuelle Zeichen an den Ergebnisstring anhängen und müssen dann natürlich noch die Laufvariable hochzählen.

2.11.3 for-Schleifen

Verwendung Die for-Schleife wird dann verwendet, wenn man von vornherein weiß, wo oft der zugehörige Anweisungsblock durchlaufen werden soll. Eine for-Schleife verwendet eine Variable, die über die Werte einer Sequenz läuft; in jedem Durchlauf nimmt die Schleifenvariable einen anderen Wert dieser Sequenz an; die Anzahl der Durchläufe entspricht dabei immer der Länge der verwendeten Sequenz.

Syntax   Das Syntax-Schema hat die folgende Form:

```
for <identifier> in <sequence>:
  <command1>
  <command2>
  ....
```

Für jedes Element der Sequenz <sequence> wird der Anweisungsblock genau einmal ausgeführt. Der Platzhalter <identifier> steht für einen Variablennamen, auch „Bezeichner" oder englisch „identifier" genannt. Diese Variable enthält in jedem Durchlauf einen anderen Wert der Sequenz.

Beispiele   Hat die Sequenz beispielsweise den Wert 'Hallo', so sind die in der Variablen <identifier> befindlichen Werte in Reihenfolge: 'H', 'a', 'l', 'l' und schließlich 'o'. Betrachten wir hier beispielsweise die folgende Schleife, die über die Sequenz 'hallo' läuft. In jedem Durchlauf der insgesamt 5 Durchläufe dieser Schleife wird das in der Laufvariable c befindliche Zeichen an den String s zusammen mit einem Komma angehängt.

```
>>> s = ""
>>> for c in "hallo":
      s = s + c + " , "
>>> s
'h , a , l , l , o , '
```

Akkumulation   Dieses Schema, das wir hier sehen, ist in vielen Situationen verwendbar. Man hat anfänglich eine „leere" Variable, die in jedem Schleifendurchlauf erweitert wird; nach Beendigung der Schleife enthält diese Variable das Ergebnis. Dieses Schema nennt man *Akkumulation*. Auch das folgende Beispiel, das die Summe der in der Liste l befindlichen Element berechnet, folgt diesem Schema:

```
>>> l = [10,14,18,22,100]
>>> erg = 0
>>> for i in l:
```

```
        erg = erg + i
>>> erg
164
```

Die anfänglich „leere" Variable ist hier `erg` mit dem Wert 0. In jedem Durchlauf der `for`-Schleife wird zum bisherigen Wert von `erg` der Wert der Schleifenvariablen `i` addiert; nach Beendigung der Schleife befindet sich folglich in `erg` die Summe der Werte in `l`. Die mathematische Summen-Schreibweise $\sum_{i \in l} i$ hat eine Ähnlichkeit zur Schreibweise der `for`-Schleife in Python. Wenn wir dieses Schema verinnerlicht haben, können viele Programmierprobleme einfach gelöst werden.

In diesem Zusammenhang kommt es häufiger vor, dass wir eine Sequenz   `range` aufeinanderfolgender Ganzzahlen erzeugen müssen. Hierfür gibt es die spezielle Funktion `range`, die wir schon kurz in Abschnitt 2.9.4 behandelt haben.

Hier nochmals die Syntax für den Aufruf der `range`-Funktion:

```
range([<start>,]<end>[,<step>])
```

Startwert und Schrittweite sind optionale Parameter. Falls nichts angegeben ist, wird als Startwert 0 und als Schrittweite 1 angenommen. Soll eine Schrittweite ungleich 1 aber der Startwert 0 verwendet werden, müssen trotzdem alle Parameter explizit angegeben werden. Der Startwert ist immer inklusive (also immer der erste Wert der erzeugten Sequenz), der Endwert hingegen immer exklusive. Die Schrittweite kann auch negativ sein. Damit kann man sich dann eine absteigende Sequenz von Zahlen erzeugen.

Erzeugt wird dann ein iterierbares Objekt vom Typ `range`, das eine Sequenz von Zahlen beginnend beim Startwert mit der entsprechenden Schrittweite zwischen den Zahlen enthält bis zu der letzten Zahl vor dem Endwert. Folgendes Code-Beispiel zeigt eine einfache Verwendung von `range` in einer `for`-Schleife.

```
>>> for i in range(3):
        print(i, end=" ")
0 1 2
```

Aufgabe 2.29

Verwenden Sie eine `for`-Schleife, um die Summe aller durch 11 teilbarer Zahlen zwischen 0 und 1000 zu berechnen.

Aufgabe* 2.30

Verwendung einer `for`-Schleife in Python für numerische Berechnungen:

(a) Verwenden Sie Python, um eine Näherung für

$$\sum_{i=1}^{\infty} \frac{1}{i^3}$$

auf mindestens 10 Stellen hinter dem Komma zu berechnen.

(b) Verwenden Sie Python, um eine Näherung für π zu berechnen, das die Tatsache verwendet, dass die unendliche Summe der Kehrwerte aller Quadratzahlen gegen $\frac{\pi^2}{6}$ konvergiert.

Aufgabe* 2.31

Verwenden Sie eine `for`-Schleife, um eine Liste aller Worte aus Kleinbuchstaben (keine Umlaute) zu erzeugen, die aus genau 4 Buchstaben bestehen.

2.11.4 Das `if`-Kommando

Kontrollfluss Nun kommen wir zum dritten Kommando der Kontrollfluss-Steuerung, dem `if`-Kommando. Dieses kann Anweisungsblöcke unter bestimmten Bedingungen überspringen, bzw. Anweisungsblöcke nur unter bestimmten Bedingungen ausführen.

Syntax Das `if`-Kommando hat das folgende Syntax-Schema:

```
if <boolexpr>:
    <command1>
    <command2>
    ...
[elif <boolexpr>:
    <command1>
    <command2>
    ...
]*
[else:
    <command1>
    <command2>
    ...]
```

Ein `if`-Kommando dient dazu, einen Anweisungsblock nur bei Vorliegen einer bestimmten Bedingung einmalig auszuführen, d.h. nur unter der Voraussetzung, dass der Ausdruck `<boolexpr>` sich zu `True` auswertet. Der optionale `else` Block wird ausgeführt, wenn die Bedingung der `if`-Anweisung nicht gilt (also zu `False` ausgewertet wurde). Es ist auch möglich eine Fallunterscheidung einzubauen und die weiteren Fälle über die in der Syntaxbeschreibung gezeigten `elif`-Klauseln abzuprüfen.

Syntaxbe-schreibung In diesem Zusammenhang möchten wir nochmals die spezielle Notation erklären, mit der Syntax beschrieben wird. In der obigen Syntaxbeschreibung werden eckige Klammern [...] verwendet. Diese Klammern sind keine Syntax sondern gehören zur Syntaxbeschreibung selbst und sie bezeichnet Optionalität: Der in eckigen Klammern eingeschlossene Syntax-Teil kann auch weggelassen werden. Für den Fall des if-Kommandos bedeutet dies, dass der else-Teil optional ist und auch weggelassen werden kann. Ein weiteres Element der Syntaxbeschreibung sind eckige Klammern gefolgt von einem Stern [...]∗; dieser Stern wird auch *Kleene-Star* gekannt und dieses Konstrukt steht für beliebige Wiederholung, d.h. der in [...]∗ eingeschlossene Syntax-Teil kann beliebig oft, d.h. auch 0-mal, wiederholt werden. Für den Fall des if-Kommandos heißt dies, dass beliebig viele elif-Klauseln enthalten sein können.

Folgende Abbildung zeigt den Kontrollfluss für ein einfaches if-Kommando:

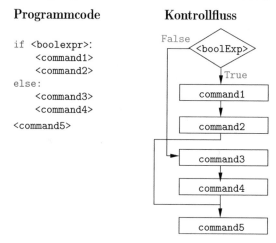

Im Folgenden zeigen wir einige einfache Beispiele für die Verwendung der if-Funktion. Dieses Beispiel enthält einen Anweisungsblock, der nur aus einem print-Kommando besteht und einem else-Zweig, dessen Anweisungsblock auch nur aus einer Anweisung besteht.

Beispiele

```
>>> if "baaden" < "brig":
>>>     print("wir sind die groessten")
>>> else:
>>>     print("???")
wir sind die groessten
```

Das folgende Code-Beispiel verwendet das input-Kommando, das über die Standardeingabe (also standardmäßig die Tastatur) einen String einliest.

```
z = input("Bitte Zahl eingeben")
if not z.isdigit():
    print("Das war keine Zahl!")
elif int(z)<10:
    print("Das war eine kleine Zahl")
elif int(z)<100:
    print("Das war eine mittelkleine Zahl")
```

```
else:
    print("Das war eine grosse Zahl")
```

In dieser Fallunterscheidung wird durch den ersten booleschen Ausdruck des
if-Kommandos abgeprüft, ob es sich bei dem vom Benutzer eingegebenen
String z tatsächlich um eine Zahl handelt. Die beiden elif-Klauseln und die
else-Klauseln prüfen dann die Größenordnung der Zahl. Bei einer if-elif-
else-Bedingung wird immer nur genau einer der Anweisungsblöcke ausgeführt. Der Interpreter durchläuft das Konstrukt sequentiell, bis er die erste
Bedingung findet, die sich zu True auswertet und führt dann diesen Anweisungsblock aus. Anschließend springt es zum Ende des Konstrukts.

2.12 Funktionen

Grundprinzip Es kommt häufig vor, dass man eine bestimmte Anweisungsfolge immer wieder ausführen möchte. Einer solchen Anweisungsfolge kann man einen Namen
geben und diese unter diesem Namen abspeichern und wiederholt ausführen.

Beispiel Fakultät Wir beginnen mit einem einfachen Beispiel. Angenommen wir wollen eine
Fakultätsfunktion berechnen – beispielsweise den Wert von $10! = 1 \cdot 2 \cdot \ldots \cdot 10$.
Dies kann einfach mittels eines Schleifenkonstrukts folgendermaßen berechnet
werden:

```
f = 1
for i in range(1,11):
    f = f*i
```

Nach Ausführung der obigen Anweisungen enthält f den Wert 3628800, was
korrekterweise der Wert von 10! ist.

Code Duplication Bisher müssten Sie den kompletten Code der Initialisierung und der Schleife an jede Stelle kopieren, an der der Wert 10! berechnet werden soll. Dies
ist umständlich, fehleranfällig, und widerspricht einem wichtigen Prinzip des
Software Engineering, der Vermeidung von *Code Duplication*, d.h. Codefrag-
mente sollten keinesfalls mehrmals in ähnlicher Form vorkommen. Deshalb
fasst man die Anweisungen dieser Berechnung in einer Funktion zusammen,
indem man der Anweisungsfolge einen Namen gibt. Über diesen Namen kann
man dann später diese Anweisungsfolge wiederholt aufrufen. Um zu veranschaulichen, wie dies praktisch funktioniert, fangen wir mit der Betrachtung
der Funktionsdefinition an:

Syntax Das Syntax-Schema zur Definition einer Funktion lautet wie folgt:

```
def <identifier>([<paramter1>, ...]):
    <command1>
    <command2>
```

Eine Funktionsdefinition beginnt stehts mit dem Schlüsselwort def. Der mit
<identifier> bezeichnete Platzhalter steht für einen Bezeichner, in diesem

Fall für den Funktionsnamen und muss den generellen Regeln für Bezeichner folgen, insbesondere muss er mit einem alphabetischen Zeichen beginnen. Auch hier gilt wieder: Die Verwendung der eckigen Klammern in der Syntaxbeschreibung bedeutet, dass der entsprechende Syntaxteil optional ist. Für die obige Syntaxbeschreibung ist das der Fall für die der Funktion übergebenen formalen Parameter die durch Kommata getrennt nach dem Funktionsnamen innerhalb der runden Klammern angegeben werden müssen; diese Parameterliste kann auch leer sein.

Der Doppelpunkt „:" läutet einen Anweisungsblock ein, d.h. eine Folge von Anweisungen, die zusammengehören. Die Zusammengehörigkeit von Anweisungen eines Blocks ergibt sich über die einheitliche Einrücktiefe, d.h. die Anzahl der Whitespace-Zeichen zu Zeilenbeginn.

Wir könnten der gewünschten Funktion beispielsweise den Namen `f10` geben und diese wie folgt definieren: **Erstes Beispiel**

```
def f10():
  f = 1
  for i in range(1,11):
    f = f*i
  return f
```

Man sieht, dass diese Funktion keine Parameter erwartet; zwischen den runden Klammern nach dem Funktionsnamen befinden sich keine Parameternamen. Das `return`-Kommando bewirkt zum einen – egal wo es aufgerufen wird – eine sofortige Beendigung der Funktion und einen Rücksprung an die Stelle, von der die Funktion aufgerufen wurde. Zum anderen kann mittels `return` ein Rückgabewert angegeben werden, der nach Beendigung der Funktion an das Hauptprogramm zurückgegeben wird; dies bewirkt, dass dadurch aus dem Funktionsaufruf ein Ausdruck wird und `f10()` dann für den zurückgegebenen Wert steht. **return**

Aufgabe 2.32

Vergleichen Sie das oben vorgestellte Syntaxschema einer Funktionsdefinition mit der konkreten Funktionsdefinition

```
def f10():
  f = 1
  for i in range(1,11):
    f = f*i
  return f
```

Welcher Teil in der konkreten Funktionsdefinition entspricht dem Platzhalter `identifier`, welcher dem Platzhalter `[<paramter1>, ...]`?

Die Funktionsdefinition selbst erzeugt keinen Rückgabewert; sie ist vergleichbar mit der Definition einer Variablen. Der Funktionsaufruf erfolgt dadurch, dass dem Funktionsnamen die beiden runden Klammern folgen lässt. Das folgende Code-Beispiel zeigt den Aufruf der Funktion. **Funktionsaufruf**

```
>>> f10()
3628800
```

Aufgabe 2.33

Geben Sie ein Python-Ausdruck an, der basierend auf dem Ergebnis des
Aufrufs von f10 den Wert von 11! berechnet.

Wie man sieht, braucht man für den Aufruf der Funktion die runden Klammern zwingend. Ohne die runden Klammern steht f10 für das Funktionsob-
jekt, und f10 kann man als Referenz auf die im Hauptspeicher hinterlegte
Funktion betrachten.

```
>>> f10
<function __main__.f10()>
>>> type(f10)
function
>>> type(f10())
int
```

Parameter,   Funktionen haben oftmals Parameter, die man beim Aufruf der Methode
Argumente   mitgibt; diese Parameterliste stellt in der oben dargestellten Syntaxbeschreibung den optionalen Teil dar. Die Parameter müssen gültige Bezeichner sein,
die beim Aufruf an die Werte der übergebenen Argumente gebunden werden.
Man beachte den Unterschied in der Nomenklatur: Die Platzhalter in der Definition der Funktion heißen *Parameter*, die beim Aufruf übergebenen Werte
nennt man dagegen *Argumente*.

Die Werte der Argumente fließen dann in die Ausführungs- und Berech-
nungslogik der Methode mit ein, und beeinflussen den Rückgabewert und
Ausführungslogik. Dies gilt beispielsweise für die len-Funktion, die als Parameter eine Sequenz erwartet, oder für die type-Funktion, die als Parameter
ein beliebiges Objekt erwartet.

Unsere Funktion f10() konnte bisher nur die Fakultät von 10 berechnen.
Es wäre natürlich wünschenswert, wenn wir eine allgemeine Funktion f programmieren würden, die einen Parameter n übergeben bekommt, und dann
die Fakultät von n berechnet.

Wie in obigem Syntaxschema dargestellt, werden bei der Definition der
Funktion die Parameter hinter dem Funktionsbezeichner in runden Klammern angegeben. Im Gegensatz zu anderen statisch getypten Programmiersprachen müssen die Typen der Parameter aber in der dynamisch getypten
Programmiersprache Python nicht mit angegeben werden. Es werden lediglich
die Bezeichner angegeben, unter denen die Parameter innerhalb der Funktion
referenziert werden können. Hier als Beispiel die Definition der allgemeinen
Fakultätsfunktion:

```
def f(n):
    erg = 1
    for i in range(1,n+1):
        erg = erg*i
    return erg
```

Will man jetzt die Funktion f aufrufen, muss man die notwendigen Argumente, die die Funktion erwartet, mit übergeben. Beim Aufruf wird der Wert des Arguments, im Beispiel der Wert 20, an den Parameter n gebunden und der Code wird dann damit ausgeführt.

Parameter – Aufruf der Funktion

```
>>> f(4)
24
```

Einer Funktion kann natürlich auch mehr als ein Parameter übergeben werden. Die Parameter werden einfach durch Komma getrennt bei der Funktionsdefinition angegeben.

Mehrere Parameter

```
>>> def g(x,y,z):
       return 2*x + y + z
>>> g(1,2,3)
7
```

Aufgabe* 2.34

Schreiben Sie eine Funktion, die drei Zahlen übergeben bekommt und als Ergebnis die Summe der beiden größeren Zahlen zurückliefert.

Aufgabe* 2.35

Schreiben Sie eine Funktion, die keine Argumente übergeben bekommt, aber einen String vom Benutzer einliest. Immer dann, wenn dieser String mit dem Buchstaben 'A' beginnt, soll die Benutzereingabe so zurückgeliefert werden, dass dieser mit einem 'a' ersetzt wird. In allen anderen Fällen, soll die Benutzereingabe unverändert zurückgeliefert werden.

Aufgabe* 2.36

Für die Implementierung der folgenden Spiele müssen sie vermutlich die Funktion randint der Klasse random verwenden, die sie etwa über

```
from random import randint
```

einbinden können.

(a) Schreiben sie eine Funktion ratespiel(n), die eine zufällige Zahl zwischen 0 und n erzeugt und den Benutzer so oft interaktiv raten lässt, bis er die Zahl erraten hat. Nach jedem Rateversuch den der Benutzer über die Tastatur eingeben soll, muss die Funktion als Rückmeldung entweder 'zu gross', 'zu klein' oder 'richtig' auf dem Bildschirm ausgeben. Sobald der Benutzer die Zahl richtig erraten hat, soll die Funktion beendet werden und die Anzahl der Rateversuche als Integer-Zahl zurückliefern.

(b) Nun drehen wir den Spieß um und schreiben eine Funktion `rate(n)`, die eine von uns zufällig gewählte Zahl zwischen `0` und `n` errät. Jedesmal, wenn die Funktion eine Zahl rät, müssen sie entweder `'zu gross'`, `'zu klein'` oder `'richtig'` tippen; anschließend soll die Funktion erneut raten usw. bis die richtige Lösung gefunden ist. Versuchen Sie die Funktion möglichst optimal arbeiten zu lassen, so dass sie möglichst wenig Schritte benötigt (das heißt insbesondere: nicht „wild" raten, sondern systematisch und das ganze in möglichst wenig Schritten).

Typen   Sowohl was die Typen der Parameter einer Funktion betrifft als auch was die Typen des Rückgabewerts betrifft, gibt es keine Einschränkungen. Bisher haben wir nur Beispiele für einfache Zahltypen gesehen, die Funktionen als Parameter erwarten und zurückgeben. Aber es gibt hier keine Einschränkungen: Sowohl zusammengesetzte Typen als auch Funktionstypen können verwendet werden. Hier ein zwar etwas akademisches aber anschauliches Beispiel für eine Funktion, die als Parameter wiederum eine Funktion verwendet und die auch eine Funktion zurückliefert.

```
def f(x,y):
    def g(z):
        return x(y) + x(z)
    return g
```

Es ist entsprechend auch möglich, im Anweisungsblock einer Funktionsdefinition wiederum eine Funktionsdefinition zu platzieren und diese (lokal) definierte Funktion dann innerhalb der Anweisungsblöcke zu verwenden.

Aufgabe 2.37

Betrachten sie die obige Funktionsdefinition. Welchen Wert haben die Folgenden Ausdrücke:

(a) `type(f(len,'Hallo'))`
(b) `f(len,'hallo')('xy')`
(c) `f(str.split, 'Hallo Welt')('hier bin ich')`

2.12.1 Beliebig viele Parameter

Stellt man dem Bezeichner einen Stern voran, so bedeutet dies, dass beliebig viele Parameter übergeben werden können. Der Bezeichner enthält dann nach dem Aufruf eine Sequenz (genauer: ein Tupel) der übergebenen Argumente. Folgender Code zeigt ein Beispiel dafür:

```
>>> def h(*p):
>>>    l = len(p)
```

```
>>>    return l,p
>>> h("Hallo", 3, 5.2, [1,2,3])
(4, ('Hallo', 3, 5.2, [1, 2, 3]))
```

Die Variable p enthält dann diese Parameterliste in Form eine Tupels.

Aufgabe 2.38

Programmieren sie eine Funktion mul, die beliebig viele Parameter übergeben bekommt und die Multiplikation dieser Parameter zurückliefert.

Aufgabe* 2.39

Schreiben Sie eine Funktion, die beliebig viele Argumente übergeben bekommt. Nehmen Sie an, dass alle Argumente Zahlen sind. Die Funktion
soll die Liste der übergebenen Zahlen zurückliefern.

2.12.2 Named Parameter vs. Positional Parameter

Bisher haben wir nur sog. *Positional Parameter* betrachtet. Diese werden **Positional** anhand der Position bzw. der Reihenfolge an die übergebenen Argumente **Parameter** gebunden. Es wird also das erste Argument immer an den ersten Parameter gebunden, das zweite Argument an den zweiten Parameter, etc.

Es gibt aber auch die Möglichkeit sog. *Named Parameter* zu verwenden. **Named** Mit diesen erfolgt die Übergabe über den Namen des Parameters, ohne not- **Parameter** wendigerweise die Reihenfolge berücksichtigen zu müssen.

Hierzu erweitern wir das Syntax-Schema von Funktionen folgendermaßen: **Syntax**

```
def <identifier>([<positional para1>, ...][,<named para1> = <default1>, ...]):
    <command1>
    <command2>
```

Man sieht: Die Named Parameter müssen immer *nach* der Liste der Positional Parameter stehen und jedem Named Parameter muss ein Defaultwert
übergeben werden. Der Named Parameter nimmt dann den Defaultwert an,
wenn er nicht als Argument beim Funktionsaufruf übergeben wird.

Die Übergabe von Named Parametern beim Funktionsaufruf ist also immer
optional. Werden diese beim Funktionsaufruf nicht übergeben, nehmen sie
einfach den Default-Wert an.

Hier ein Beispiel für eine Funktionsdefinition, die zwei Positional Argu- **Beispiel** mente und drei Named Argumente definiert.

```
>>> def test(x,y,z=0, bla1="ein String", bla2="Noch ein String"):
>>>     return x+y+z+len(bla1)
>>> test(4,2)
```

16

Bei der Übergabe der Named Parameter über ihren Namen muss die Reihenfolge der verschiedenen Named Parameter nicht eingehalten werden.

```
>>> test(4,2,bla2="ein vieeeeeel laengerer String", bla1="kurzer String")
19
```

Named Parameter müssen allerdings nicht zwingend über ihren Namen
übergeben werden. Es ist auch möglich, sie über die Reihenfolge anzusprechen. Dann müssen aber alle Parameter bis zu diesem mit übergeben werden.
Hier ein entsprechendes Beispiel für den Aufruf obiger Funktion:

```
>>> test(5,6,2,'Ein String')
23
```

Die Möglichkeit Named Parameter zu verwenden ist besonders dann nützlich, wenn Funktionen sehr viele (optionale) Parameter haben. Ein Beispiel ist
die Funktionen der Bibliothek `matplotlib`, mit der man Diagramme zeichnen
kann.

```
import matplotlib.pyplot as plt
matplotlib inline
plt.bar([1,2,3,4], [3,2.1, 10,2],
        color=["red", "blue", "black", "green"])
```

Hier wurden aus den hunderten möglichen Parametern nur die beiden ersten
Positional Parameter und ein Named Parameter explizit gesetzt; die restlichen nehmen einfach die Defaultwerte an.

2.12.3 Scoping (Sichtbarkeitsregeln)

Sichtbarkeit Eine Funktion definiert eine Umgebung, in der wiederum Variablen und auch
Funktionen definiert werden können. Welche Variablen in welcher Umgebung
genau sichtbar sind, wird durch die sogenannten *Scoping-Regeln* einer Programmiersprache festgelegt.

Namensräu- In einem Python-Programm gibt es verschiedene Namensräume; die „äu-
me ßerste" Umgebung ist die *globale Umgebung*, in der alle Namen zu finden sind,
die nicht innerhalb einer Klasse oder Funktion definiert sind. Dazu gehören
auch die auf globaler Ebene definierten Funktionsnamen, Klassen und Variablennamen. Jede Funktion und jede Klasse bildet einen eigenen Namensraum
in dem zwar die Variablen der äußeren Umgebung sichtbar sind, jedoch gilt
dies nicht in der anderen Richtung: Eine Funktion versteckt die intern definierten Variablen nach außen.

Kapselung Es gibt einen guten Grund, warum man sich genau für diese Sichtbar-
keitsregel entschieden hat: Dies basiert auf dem Prinzip der *Kapselung*: Man
möchte, dass Funktionen möglichst abgekapselt sind nach außen, um die
Komplexität der Funktion nach außen zu versteck und damit die Komplexität des gesamten Programms zu reduzieren.

Variablen, die innerhalb einer Funktion definiert und verwendet werden, werden als *lokale Variablen* bezeichnet. Sie sind nur während eines einzigen Funktionsaufrufes sichtbar. Sobald die Funktion durchgelaufen ist, werden die verbleibenden Referenzen vom Garbage Collector von Python „aufgeräumt". Hier als Beispiel die Definition der lokalen Variablen i innerhalb einer Funktion; der Versuch, diese Variable außerhalb der Funktion anzusprechen, scheitert. **Lokale Variablen**

```
>>> def f():
>>>     i=1
>>>     return i
>>> f()
1
>>> print(i)
NameError: name 'i' is not defined
```

Was ist aber mit Variablen, die außerhalb in der globalen Umgebung definiert sind und die dann innerhalb einer Funktion angesprochen werden? Diese Variablen sind innerhalb der Funktion sichtbar, d.h. die Kapselung funktioniert – zumindest was die Sichtbarkeit betrifft – nur in einer Richtung. Hier ein Beispiel einer Funktion, die auf den Wert der globalen definierten Variablen z zugreift: **Sichtbarkeit globaler Variablen**

```
z = 100
>>> def f():
    return z+1
>>> f()
101
```

Diese globale Variable ist zwar in der Funktion sichtbar, kann verwendet werden, kann aber nicht verändert werden; dies entspricht dem Prinzip der Kapselung.

Definiert man dagegen eine global definierte Variable innerhalb einer Funktion neu, so ist diese getrennt von einer gleichbenannten globalen Variablen gehalten: **Getrennter Namensraum**

```
>>> z = 100
>>> def f():
      z = 200
  return z
>>> f()
200
>>> z
100
```

Innerhalb der Funktion wurde also nicht auf dem z der globalen Umgebung gearbeitet, sondern das z innerhalb der Funktion ist an einem separaten Ort gespeichert.

Die allgemeine Regel des Scoping in Python lautet: Bei einem Variablenzugriff sucht der Interpreter in der folgenden Reihenfolge nach der Variablen: **Scoping-Regeln**

1. *Local*: Zunächst wird in der lokalen Umgebung, in der die Variable angesprochen wird, nach einer Definition gesucht.

2. *Enclosing*: Dann wird in der aufrufenden Umgebung nach der Definition gesucht.
3. *Global*: Dies ist die globale Umgebung des Programms, d.h. die Umgebung, von der aus das Programm aufgerufen wurde.
4. *Predefined*: Das ist der Namensraum der vordefinierten Funktionen, Variablen und Klassen in Python.

Betrachten wir als Beispiel den folgenden Python-Code:

```
a = 'Globale Variable a'
b = 'Globale Variable b'
def funktion():
    b = 'Enclosing Variable b'
    c = 'Enclosing Variable c'
    print(a)
    print(b)
    def funktion_inner():
        c = 'lokale Variable c'
        print(a)
        print(b)
        print(c)
    funktion_inner()
    print(c)
```

Es entsteht die folgende Ausgabe:

```
Globale Variable a
Enclosing Variable b
Globale Variable a
Enclosing Variable b
lokale Variable c
Enclosing Variable c
Globale Variable b
```

Folgendes Bild erklärt diese Ausgabe; die Pfeile verweisen jeweils auf die Stelle im Programm, an der die jeweilige Variable definiert wurde:

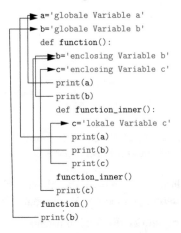

2.12.4 Weitere Aufgaben zu Funktionen

Aufgabe* 2.40

Programmieren Sie eine Funktion `myCount`, die das gleiche wie die
`count`-Methode berechnet. Die Funktion soll also ein Element übergeben bekommen und zählen, wie häufig dieses in einer Sequenz enthalten
ist. Sie dürfen natürlich die `count`-Methode zur Programmierung nicht
verwenden. *Beispielanwendungen*:

```
>>> l = [10,20,31,40,31,10]
>>> myCount(l,31)
2
>>> s = "Hallo Welt"
>>> myCount(s, "l")
3
```

Aufgabe* 2.41

Programmieren Sie eine Funktion `myEndswith`, die das gleiche wie die
`endswith`-Methode berechnet. Die Funktion soll also zwei Strings übergeben bekommen und überprüfen, ob der erste String mit dem zweiten
String endet. Sie dürfen natürlich die `endswith`-Methode zur Programmierung nicht verwenden. *Beispielanwendungen*:

```
>>> myEndswith(".tex", "beispiel.tex")
True
>>> myEndswith(".tex", "")
False
>>> myEndswith("", "hallo")
True
```

Aufgabe* 2.42

(a) Programmieren Sie eine Python-Funktion `appTwo`, die einen Parameter und eine Funktion übergeben bekommt und die Funktion
zweimal auf den Parameter anwendet. Beispiel:

```
>>> appTwo(lambda x: x+1, 10)
12
>>> appTwo(lambda x: str(x)+str(x), 1)
'1111'
```

(b) Programmieren Sie eine Python-Funktion `appN`, die eine Funktion, einen Wert und eine Ganzzahl `n` übergeben bekommt und die
Funktion n-mal auf den Wert anwendet. Beispiel:

```
>>> appN(lambda x: x+1, 10, 3)
13
```

Aufgabe* 2.43

Programmieren Sie eine Python-Funktion `repeatElem`, die eine Liste, einen Wert und eine Ganzzahl übergeben bekommt, und jedes Vorkommen des Wertes auf Ganzzahl-viele Kopien vervielfacht. Beispiel:

```
>>> repeatElem([1,4,2,1,9,2], 2, 4)
[1, 4, 2, 2, 2, 2, 1, 9, 2, 2, 2, 2]
>>> repeatElem(["b", "a", "n", "a", "n", "a"], "a", 2)
['b', 'a', 'a', 'n', 'a', 'a', 'n', 'a', 'a']
```

Aufgabe* 2.44

Programmieren Sie eine Funktion `splitHalf`, die eine Sequenz in zwei gleich große Teile splittet und diese als Tupel zurückliefert; ist das nicht möglich, weil die Liste eine ungerade Länge hat, dann wird das mittlere Element separat zurückgeliefert.
Beispielanwendung:

```
>>> splitHalf("Hallo")
('Ha', 'l', 'lo')
>>> splitHalf("Hallo!")
('Hal', 'lo!')
>>> splitHalf([1,2,3,4])
([1, 2], [3, 4])
```

Aufgabe* 2.45

Programmieren sie die Funktion `my_max`, ohne dafür die interne Funktion `max` zu verwenden. Anwendungsbeispiel:

```
>>> my_max([10,4,2,100,55,99])
100
>>> my_max([]) # in diesem Fall: keine Rueckgabe
>>> my_max("Hello World Here I Am".split())
"World"
```

Aufgabe* 2.46

Programmieren Sie eine Funktion `takeWhile`, die eine boolesche Funktion p (ein „Prädikat") und eine Sequenz l übergeben bekommt, und das längste Anfangsstück von l zurückliefert, für dessen Elemente das

Prädikat p gilt.

Beispielanwendungen:

```
>>> takeWhile(lambda x: x>10, [50,20,12,7,5,30,100])
[50, 20, 12]
>>> takeWhile(lambda x: len(x) > 4, "Hallo World here i am".split())
['Hallo', 'World']
```

Aufgabe* 2.47

Programmieren sie eine Funktion merge, die zwei Listen „verzahnt" ineinander einfügt, so dass die jeweils ersten Elemente der Listen nebeneinander stehen, gefolgt von den jeweils zweiten Elementen, usw.

Beispielanwendung:

```
>>> merge([1,2,3], [100,200,300])
[1, 100, 2, 200, 3, 300]
>>> merge("Hello", "World")
['H', 'W', 'e', 'o', 'l', 'r', 'l', 'l', 'o', 'd']
```

Aufgabe* 2.48

(a) Programmieren Sie eine Python-Funktion replaceElem, die eine Liste und einen Wert übergeben bekommt, und alle Vorkommen des einen Wertes durch den anderen Wert ersetzt. Alle übrigen Einträge der Liste sollen unverändert bleiben. Beispiel:

```
>>> replaceElem([132, 40, 0, 1, 0, 100, 0], 0, "Nix")
[132, 40, "Nix", 1, "Nix", 100, "Nix"]
```

(b) Programmieren Sie eine Python-Funktion repeatElem, die eine Liste, einen Wert und eine Ganzzahl übergeben bekommt, und jedes Vorkommen des Wertes auf Ganzzahl-viele Kopien vervielfacht. Beispiel:

```
>>> repeatElem(["a", "x", "y", "u", "x"], "x", 3)
["a", "x", "x", "x", "y", "u", "x", "x", "x"]
```

Aufgabe* 2.49

Programmieren Sie die eine Funktion sindex, so dass sindex(s, sub) den kleinsten Index in String s zurückliefert, ab dem der Teilstring sub enthalten ist. Falls der Teilstring sub nicht enthalten ist, soll einfach nichts zurückgeliefert werden. Verwenden Sie für die Programmierung weder die String-Methode index, noch die String-Methode rindex

Beispielanwendungen:

```
>>> sindex("Hello World", "llo")
2
>>> sindex("Hello World", "hi")
>>> sindex("Hello World", "orld")
7
```

Aufgabe* 2.50

Programmieren Sie eine Funktion `myIsdigit`, die prüft, ob ein Zeichen eine Ziffer ist. Verwenden sie dazu nicht die String-Methode `isdigit`.

Beispielanwendung:

```
>>> if myIsdigit("1"):
    print("Das ist eine Ziffer")
  else:
    print("Das ist keine Ziffer")
Das ist eine Ziffer
```

Aufgabe* 2.51

Programmieren Sie eine Funktion `myJoin`, so dass `myJoin(S,l)` eine Liste `l` von Strings mit einem vorgegebenen String `S` zusammenhängt. Verwenden Sie für die Programmierung weder die String-Methode `join` noch die `reduce`-Funktion um diese Funktion zu programmieren.

Beispielanwendung:

```
>>> myJoin(".", ["123", "10", "11"])
'123.10.11'
>>> myJoin("|", "Hello World here I am".split())
'Hello|World|here|I|am'
```

Aufgabe* 2.52

In Aufgabe 2.51 sollte bereits die Funktion `myJoin` programmiert werden , die die Funktionalität der `join`-Methode der Klasse String nachbildet.

Geben sie nun eine alternative Implementierung der Funktion `myJoin` an unter Verwendung der `reduce`-Funktion; verwenden Sie auch hierfür nicht die String-Methode `join`.

Der Aufruf von `myJoin(S,l)` soll eine Liste `l` von Strings mit einem vorgegebenen String `S` zusammenhängen. Verwenden Sie für die

Beispielanwendung:

```
>>> myJoin(".", ["123", "10", "11"])
'123.10.11'
>>> myJoin("|", "Hello World here I am".split())
'Hello|World|here|I|am'
```

2.13 Kommando vs. Ausdruck

Im Folgenden wird immer wieder die Unterscheidung zwischen Kommando **Ausdruck**
und Ausdruck hilfreich sein. Ein Ausdruck steht für einen Wert; die Auswertung eines Ausdruck verändert den Zustand des Programms nicht – Veränderung des Zustands kann etwa durch Setzen von Variablenwerten, durch
Änderung des Zustands von Ein-/Ausgabegeräten, wie etwa dem Bildschirm
erfolgen. Ein Wert kann ein Zahlwert sein, aber auch ein String, eine Liste, ein Tupel sein; auch eine Funktion kann in Python als Wert betrachtet
werden. Hier sehen wir auch einen wichtigen Unterschied zum klassischen
Taschenrechner der nur mit arithmetischen Ausdrücken arbeitet.

Dagegen steht ein (reines) Kommando für keinen Wert, es verändert aber **Kommando**
den Zustand des Programms. Ein Beispiel für ein reines Kommando ist etwa
das `print`-Kommando. Dieses verändert nur den Zustand, in diesem Fall
den Zustand des Ein/Ausgabe-Geräts „Bildschirm" und es steht dagegen für
keinen Wert.

Aufgabe 2.53

Erklären Sie die Ausgabe des letzten `print`-Kommandos:

```
>>> x = print(1)
1
>>> print(x)
None
```

Die Jupyter-Umgebung gibt für jeden Python-Ausdruck bzw. für jedes
Kommando automatisch den Wert zurück, für den dieses Konstrukt steht.
Betrachten wir dazu das folgende Beispiel in Jupyter – hier ein Screenshot
aus Jupyter. Hier wird in Zelle 21 über `print` der Wert von `1+[100]` ausgegeben; man sieht darunter die Ausgabe dieses `print`-Kommandos. Achten
sie darauf, das vor dieser Ausgabe keine Zellen-Bezeichnung steht; nur dann,
wenn Jupyter den Wert des vorherigen Ausdrucks ausgibt, wird dieser mit
einer Zellenbezeichnung versehen; dies ist der Fall für die Zelle 22. Hier sieht
man ein „[22]:" vor der Ausgabe, die zeigt, dass es sich um den Wert des
Ausdrucks der vorherigen Zelle handelt.

```
[20]: l = [1,2,3]
```

```
[21]: print(l+[100])
      [1, 2, 3, 100]
```

```
[22]: l+[100]
```

```
[22]: [1, 2, 3, 100]
```

Beispiel:　　In diesem Zusammenhang kann es leicht zu Programmierfehlern kommen.
append　　Wir schauen uns als Beispiel das `append`-Kommando an und einen häufigen
mit der Verwendung des Kommandos zusammenhängenden Fehler.

```
# Falscher Code
>>> l = [1,2,3]
>>> l = l.append(100)
>>> print(l)
None
```

Was ist hier schiefgegangen, warum enthält die Variable l offenbar keinen
Wert mehr nach den obigen Anweisungen? Hier wurde missachtet, dass der
Methodenaufruf `l.append(100)` ein reines Kommando darstellt, das für kei-
nen Wert (d.h. den „Wert" None) steht, sondern den Zustand des Programms
ändert (d.h. hier: den Wert des in l gespeicherten Listenobjektes ändert).
Somit wird die rechte Seite der Zuweisung in der zweiten Zeile zu None ausgewertet und die Variable l enthält danach den Wert None. Der Methodenaufruf `l.append(100)` hängt zwar schon den Wert 100 an das in l gespeicherte
Listenobjekt, im gleichen Zuge wird jedoch die einzige Referenz auf dieses
Listenobjekt mit dieser Zuweisung überschrieben und im gesamten Python-
Programm gibt es keine Referenzierung mehr auf dieses Listenobjekt; es wird
daher vom Garbage Collector aufgeräumt und bereinigt. Korrekt würde man
das Anhängen des Wertes 100 an die Liste l unter Verwendung von `append`
folgendermaßen programmieren:

```
# Richtiger Code - Variante 1
>>> l = [1,2,3]
>>> l.append(100)
```

Alternativ ist ein Anhängen durch die Kombination der Zuweisung mit einer
Konkatenation über den +-Operator möglich – wir erinnern uns, dass die
Anwendung des +-Operators immer ein Ausdruck ist, also nie einen Wert
verändert, sondern immer einen neuen Wert zurückliefert.

```
# Richtiger Code - Variante 1
>>> l = [1,2,3]
>>> l = l + [100]
```

Wichtig hierbei ist, dass auch das rechte Argument von + eine Liste darstellt;
falsch wäre eine Zuweisung der Form l = l +100, denn der +-Operator er-

wartet immer, dass der rechte und der linke Operand vom gleichen (oder zumindest kompatiblem) Typ ist.

Ein weiteres Beispiel möglicher Verwirrung auf die man trifft, wenn man sich den Unterschieds zwischen einem Ausdruck und einem Kommando nicht bewusst ist, ist die Anwendung der `sort`-Funktion und der `sorted`-Funktion. Angenommen wir wollen eine Liste `l`, bestehend aus 20 zufälligen Werten, sortieren; diese Liste könnten wir etwa folgendermaßen erzeugen, indem wir die `sample`-Funktion des Moduls `random` verwenden:

Beispiel:
`sort` **vs.**
`sorted`

```
>>> from random import sample
>>> l = sample(range(100),20)
```

Die `sample`-Funktion wählt hierbei zufällig 20 Elemente aus der über den ersten Parameter übergebenen Funktion aus. Wir wollen diese Liste nun sortieren. Der folgende Code zeigt einen gängigen Fehler in der Anwendung der `sort`-Funktion:

```
# Falscher Code
>>> from random import sample
>>> l = sample(range(100),20)
>>> l = l.sort()
>>> print(l)
None
```

Auch hier geht das schief, weil die rechte Seite der Zuweisung ein reines Kommando darstellt, das keinen Wert zurückliefert, sondern das den Zustand des Programms ändert und das in `l` gespeicherte Listenobjekt ändert. Auch hier befindet sich nach der Zuweisung nur der leere Wert `None` in der Variablen `l` und es gibt keine Referenz mehr auf die ursprüngliche Liste.

Wie geht es richtig? Die eine Möglichkeit ist, das `sort`-Kommando richtig zu verwenden und das in `l` gespeicherte Objekt direkt zu verändern.

```
# Richtiger Code -- Variante 1
>>> l.sort()
>>> print(l)
[0, 10, 13, 16, 17, 21, 36, 38, ...]
```

Die andere Möglichkeit ist die Verwendung der `sorted`-Funktion, die eine Ausdrucks-Variante des `sort`-Kommandos darstellt: `sorted` verändert die als Argument übergebene Liste nicht, sondern liefert eine neue Liste zurück, die die sortierte Variante der übergebenen Liste darstellt. Die korrekte Verwendung von `sorted` ist:

```
>>> l = sorted(l)
>>> print(l)
[0, 10, 13, 16, 17, 21, 36, 38, ...]
```

2.14 if-Ausdruck

Neben dem schon besprochenen if-Kommando gibt es auch eine Ausdrucks-Variante davon, die wir hier vorstellen wollen.

Man kann eine if-Bedingung auch als Ausdruck verwenden: Das Syntax-Schema:

```
<expr1> if <boolexpr> else <expr2>
```

Dies stellt kein Kommando dar, sondern einen reinen Ausdruck, der – abhängig vom Wert von <boolexpr> entweder den Ausdruck <expr1> oder den Ausdruck <expr2> als Ergebnis hat.

Hier einige Beispiele:

```
>>> 10 if len(s)<20 else 100
100
>>> (len if len(s)>20 else sum)([1,2,3] if len(s) < 20 else s)
22
```

Es handelt sich hier um reine Ausdrücke, also Werte. Ohne Zuweisung oder Weiterverarbeitung sind die Werte im weiteren Verlauf nicht mehr referenzierbar. Wollte man den Wert zu einem späteren Zeitpunkt wieder verwenden, würde man if-Ausdruck einfach im Rahmen einer Zuweisung in einer Variablen speichern.

```
x = 10 if len(s)<20 else 100
```

2.15 Lazy Evaluation

Nachdem wir nun die Indizierung und Kommandos zur Kontrollfluss-Steuerung betrachtet haben, können wir nochmals auf einen Anwendungsfall der *Lazy Evaluation* zurückkommen und sehen, wie sich so elegant Bedingungen formulieren lassen; schon in Abschnitt 2.4 sind wir kurz auf die Auswertungslogik im Zusammenhang mit den logischen Operatoren and und or eingegangen und wollen das hier nochmals im Zusammenhang mit Schleifenbedingungen betrachten.

Bei der Auswertung von logischen Verknüpfungen mit and und or geht der Interpreter von Python *lazy* vor: Wenn bereits die erste Bedingung ausreicht, um das Ergebnis eindeutig zu bestimmen, wird die zweite Bedingung gar erst ausgewertet. Das Gegenteil ist die *Eager Evaluation*, was der übliche Auswertungsmodus in Python ist; dort werden alle Teile eines Ausdrucks ausgewertet, auch wenn diese nicht für die Ergebnisbestimmung notwendig wären.

Folgendes Beispiel etwa erzeugt keine Fehlermeldung, obwohl es in Python analog zur Mathematik verboten ist, eine Zahl durch Null zu teilen.

Der Operator and wird von links nach rechts ausgewertet und das erste Argument bestimmt jedoch schon das Ergebnis: Das Ergebnis wird `False` sein, unabhängig davon, was das zweite Argument ist. Lazy Evaluation wertet in dem Fall den zweiten Parameter gar nicht aus und der Ausdruck erzeugt keine Fehlermeldung.

```
>>> False and 10/0
False
```

Ähnliches gilt für das nächste Beispiel: Eine `or`-Verknüpfung mit dem Wert `True` ergibt unabhängig vom Wert des rechten Arguments den Wert `True`. Folglich wird das zweite Argument von Python nicht ausgewertet und es entsteht auch hier aufgrund der Lazy-Evaluation-Auswertungslogik keine Fehlermeldung.

```
>>> True or Diese_Variable_gibt_es_nicht
True
```

Die beiden letzten Beispiele waren akademisch und zeigen noch nicht die Nützlichkeit der Lazy Evaluation in der praktischen Anwendung. In folgendem Beispiel zeigt sich jedoch, wie man unter Ausnutzung der Lazy Evaluation elegant Abfragen aufbauen kann; eine Nutzung der Lazy Evaluation in dieser oder ähnlicher Form wird von vielen Programmierern sehr häufig verwendet.

```
s2 = ""
i=0
while ((i<len(s)) and (s[i]!="X")):
    s2 = s2 + s[i]
    i = i + 1
```

Eine Eager Evaluation von `and` würde in diesem Fall zu einem Indizierungsfehler führen, nämlich dann, wenn der Index den Bereich um eins überschreitet und einen Wert von `len(s)` annimmt. Die Lazy Evaluation führt aber hier zu keinen Problemen, da die Bedingung `s[i]!="X"` in diesem Fall nicht mehr ausgewertet wird und es somit nicht mehr zu einem Indizierungsfehler, bei der Auswertung der zweiten Bedingung kommt.

Aufgabe 2.54

Beschreiben Sie in ihren Worten, was der obige Code mit einem gegebenen String `s` „macht".

2.16 Der Datentyp `set`

Der Datentyp `set` repräsentiert eine Menge. Genau wie `list`, `str` und `tuple` ist `set` ein zusammengesetzter Datentyp. In der Mathematik gibt es einen

Mengen vs. Tupel

entscheidenden Unterschied zwischen einem Tupel wie z.B. $(1, 4, 10)$ und einer Menge, wie z.B. $\{1, 4, 10\}$: Bei Tupeln spielt die Reihenfolge der Elemente eine Rolle und entsprechend gilt:

$$(1, 4, 10) \ != \ (1, 10, 4)$$

Bei Mengen spielt dagegen die Reihenfolge keine Rolle und entsprechend gilt:

$$\{1, 4, 10\} \ == \ \{4, 1, 10\}$$

Mengen enthalten zudem keine Duplikate. Das heißt, dass ein Element immer nur höchstens einmal in einer Menge enthalten sein kann.

Definition eines set-Objekts
Man kann ein set-Objekt entweder durch *Casting*, d.h. durch Typumwandlung, aus einer anderen Sequenz definieren, oder man kann direkt die Notation mit den geschweiften Klammern verwenden, d.h. die folgenden beiden Zuweisungen definieren die gleiche Menge:

```
>>> s1 = set([1,2,3,4])
>>> s2 = {1,2,3,4}
>>> s1 == s2
True
>>> type(s1)
set
```

2.16.1 Verwendung

Suchen
Es gibt einen grundsätzlichen Unterschied, wie Listen und wie set-Objekte in Python intern verwaltet und gespeichert werden. Objekte vom Typ set sind intern als *Hashtabellen* implementiert. Diese Art der Implementierung hat auf das Laufzeitverhalten eine entscheidende Auswirkung.

Wir wollen hier nicht im Detail erklären, wie Hashtabellen funktionieren, aber es ist wichtig zu wissen, dass Hashtabellen eine Suchdatenstruktur darstellen: Hashtabellen können sehr schnell durchsucht werden; für Listen, Tupel oder Strings ist dies dagegen nicht der Fall.

in auf set
Das sieht man etwa, wenn man den Operator in verwendet, der testet, ob ein Element in einer Datenstruktur enthalten ist. Der in-Operator ist für alle Sequenztypen implementiert, der zugrundeliegende Algorithmus unterscheidet sich jedoch fundamental zwischen set und den Sequenztypen list, tuple und str. Wir haben an anderer Stelle schon die spezielle Technik erwähnt, die Implementierung und das Verhalten eines Operators abhängig von den Typen der Operanden zu wählen. Dies wird in der Programmiermethodik als *Überladung*, oder *Overloading*, bezeichnet.

Hier nochmals zur Erinnerung einige Beispiele, wie der `in`-Operator für die Datentypen String und Integer funktioniert:

```
>>> "lo" in "Hallo Welt" # ueberprueft, ob "lo" ein Teil des Strings ist
True
>>> 13 in [10,13,17] # ueberprueft, ob 13 ein Element dder Liste ist
True
>>> 13 in {10,13,17} # ueberprueft, ob 13 ein Element des set-objekts ist.
True
```

Oberflächlich betrachtet scheint es so, als würde die innere Funktionsweise des Operators in in jedem Fall die gleiche sein, aber das täuscht: In jedem der Fälle ist die dahinterliegende Implementierung von in völlig anders.

Dass dies tatsächlich der Fall ist, sieht man etwa an den folgenden Laufzeitbetrachtungen; dazu erzeugen wir uns eine zufällige sehr lange Liste unter Verwendung der Funktion `sample`, die eine durch das zweite Argument spezifizierte Anzahl zufälliger Elemente aus der als erstes Argument übergebenen Sequenz auswählt. **Laufzeit**

```
>>> from random import sample
>>> l = sample(range(10**7), 5*10**6)
```

Die Liste `l` enthält jetzt also 5 Millionen zufällig ausgewählter Zahlen aus der Menge $\{1, \ldots 10^7\}$. Jetzt legen wir uns ein set-Objekt an, das genau die gleichen Elemente enthält.

```
>>> s = set(l)
>>> len(s) == len(l)
True
```

So können wir überprüfen, ob ein bestimmtes Element in `l` bzw. in `s` enthalten ist.

```
>>> 5000 in l
False
>>> 5000 in s
False
```

Schon bei der Ausführung fällt auf, dass dieser Test im zweiten Falle deutlich schneller abläuft; wir wollen dies überprüfen: Das geht in Python leider nicht so einfach wie in C (indem man die Systemzeit vorher und nachher abgreift), denn in Python gibt es Hintergrundprozesse, wie beispielsweise die regelmäßige Ausführung des Garbage Collectors, die genau zu der Zeit auch ablaufen könnten, während wir die Laufzeit eines Kommandos messen. Deshalb verwenden wir in Python immer die timeit-Umgebung, die Kommandos in einer geschützten Umgebung ausführt, die frei von Hintergrundprozessen ist. Hierzu gibt es das Magic-Kommando %timeit in IPython.

```
>>> %timeit 5000 in l
851 ms    142 ms per loop (mean  std. dev. of 7 runs, 1 loop each)
>>> %timeit 5000 in s
101 ns    9.76 ns per loop (mean  std. dev. of 7 runs, 10000000 loops each)
```

Man sieht nun auch quantifiziert, dass die Suche im Set um Größenordnungen schneller geht als die Suche in der Liste: Während die Suche der Zahl im Set nur etwa 100 ns benötigt, braucht es 850 ms um den Wert in der Liste zu suchen.

Aufgabe 2.55

Wie viel mal schneller kann der Wert also im obigen Set gefunden werden als in der Liste?

Aufgabe 2.56

Erstellen sie

1. ein Set-Objekt s aus 10 Mio zufälligen unterschiedlichen Werten, und
2. ein List-Objekt l aus 10 Mio zufälligen unterschiedlichen Werten.

Führen Sie nun einen Enthaltens-Test durch für einen bestimmten Wert (beispielsweise 100 in s bzw. 100 in l und vergleichen sie die Laufzeit für die Berechnung dieser beiden Ausdrücke – sie können dafür das magic-Kommando %timeit verwenden.

Hashables   Eine Einschränkung haben Sets zusätzlich gegenüber Listen und anderen Sequenz-Typen: Es sind nur unveränderliche Werte in Sets erlaubt. Sie ist es möglich Strings oder Tupel in Sets einzufügen, nicht jedoch Listen:

```
>>> s = set()
>>> s.add(2) ; s.add(10)
>>> s
{2, 10}
>>> s.add((1,2,3)) ; s.add("Hallo")
>>> s
{(1, 2, 3), 10, 2, 'Hallo'}
>>> s.add([1,2,3])
TypeError: unhashable type: 'list'
```

Werte eines unveränderlichen Typs nennt man auch *Hashables*; nur diese können sinnvoll in Hashtabellen gespeichert werden.

2.16.2 Iteration und Methoden

Iteration   Über set-Objekte kann man – wie über andere Sequenzen auch – iterieren, jedoch ist die Reihenfolge, in der die Elemente des set-Objekts durchlaufen werden nicht bestimmt – schließlich sind die Elemente in einem set-Objekt auch nicht geordnet. Das folgende Beispiel zeigt dies schön: die Werte eines `set`-Objekts werden nicht notwendigerweise in der Reihenfolge durchlaufen, wie sie bei der Erzeugung des Objekts eingefügt wurden:

```
>>> for i in {40,20,1}:
    print(i, end=" ")
40 1 20
```

Mittels der **add**-Methode kann man Elemente zu einem Set-Objekt hinzufügen. An folgendem Beispiel kann man einige Eigenschaften von Mengen und der **add**-Methode sehen:

add-Methoden

```
>>> s = set("Hallo Welt hier bin ich und tippe".split())
>>> s
{'Hallo', 'Welt', 'bin', 'hier', 'ich', 'tippe', 'und'}
>>> s.add(100)
{100, 'Hallo', 'Welt', 'bin', 'hier', 'ich', 'tippe', 'und'}
```

Die **add**-Methode liefert keinen Rückgabewert zurück, ist daher ein reines Kommando, das den Zustand des Programms ändert und für keinen Wert steht – vergleichbar mit der **append**-Methode auf Listen.

Aufgabe 2.57

Erklären Sie den Fehler in den folgenden Anweisungen:

```
>>> s = {1,2,3}
>>> s = s.add(4)
print(s)
```

Es sind auch die gängigen Mengen-Operationen implementiert durch die Methoden **union**, **intersection** und **symmetric_difference** und weitere implementiert.

Weitere Methoden

Hier ein Beispiel für die Anwendung der Methode **intersection**:

```
>>> A = {10,11,14,20,30}
>>> B = {5,8,10,20,30,40}
>>> A.intersection(B)
{10, 20, 30}
```

Die Anwendung `A.intersection(B)` entspricht in mathematischer Schreibweise dem Ausdruck

$$A \cap B = \{10, 11, 14, 20, 30\} \cap \{5, 8, 10, 20, 30, 40\} = \{10, 20, 30\}$$

. Im Gegensatz zur **add**-Methode stellt also die **intersect**-Methode einen reinen Ausdruck dar: Sie verändert den Zustand des Programms nicht, steht aber für einen Wert. Die entspricht obigen mathematischen Ausdruck mit dem Operator $\cap$.

Aufgabe 2.58

Implementieren Sie eine Funktion myUpdate, die eine Menge übergeben bekommt, und einen Wert x und ein Wert y übergeben bekommt, die ein neues Set erzeugt, in dem der Wert von x durch den Wert von y ersetzt ist.

Beispiel:

```
>>> myUpdate({4,2,10,13}, 10, 100)
{4,2,100,13}
>>> myUpdate({4,2,10,13}, 14, 15)
{4,2,10,13}
```

Aufgabe* 2.59

Implementieren sie die Funktion myUnion, die eine neue Menge erzeugt, die die Vereinigung der beiden übergebenen Mengen ist. Sie dürfen vom Typ set nur die Methode add verwenden.

Beispiel:

```
>>> myUnion({3,2,10,5}, {11,10,3,1})
{3,2,10,5,11,1}
```

Aufgabe* 2.60

Implementieren sie die Funktion myIntersect, die eine neue Menge erzeugt, die der Schnitt der beiden übergebenen Mengen ist. Sie dürfen vom Typ set nur die Methode add verwenden.

Beispiel:

```
>>> myIntersect({3,2,10,5}, {11,10,3,1})
{10,3}
```

Aufgabe* 2.61

Programmieren Sie die Funktion myIsSubset, so dass myIsSubset(s1, s2) prüft, ob s1 ⊆ s2 (d.h. ob s1 eine Teilmenge von s2 ist, d.h. ob alle Elemente aus s1 auch in s2 enthalten sind). Verwenden Sie für die Programmierung nicht die Set-Methode issubset.

Beispielanwendungen:

```
>>> myIsSubset({1,2,3}, {1,4,3,2,5})
True
```

```
>>> myIsSubset({1,2,30}, {1,4,3,2,5})
False
```

Aufgabe* 2.62

Programmieren Sie einige Methoden selbst nach

(a) `difference` als `myDifference`
(b) `intersection` als `myIntersection`
(c) `isdisjoint` als `myIsdisjoint`
(d) `issuperset` als `myIssuperset`
(e) `remove` als `myRemove`

2.17 Der Datentyp dict

Mit den Datentypen `list` und `tuple` kann man beliebige Datentypen in einer Sequenz speichern und über den Index auf diese zugreifen. Oftmals möchte man jedoch nicht über einen numerischen Index zugreifen, sondern über andere Werte, beispielsweise Strings. Dazu gibt es in Python den Datentyp `dict`; dieser implementiert sogenannte *Dictionaries*.

Beliebiger Indextyp

Ein Dictionary ist eine Sammlung von *Schlüssel-Wert-Paaren* (*Key-Value-Pairs*), wobei der Schlüssel die Rolle eines Indexwertes annimmt. Ähnlich wie man über einen Index auf den zugehörigen Wert in der Datenstruktur zugreifen kann, so kann man über einen Schlüssel auf den dem Schlüssel zugeordneten Wert zugreifen.

Das Telefonbuch ist ein einfaches Anwendungsbeispiel. In einem Telefonbuch ist der Schlüssel der Name des Anschlussinhabers; der zugehörige Wert ist dann die Telefonnummer. Man kann also über den Namen auf die Telefonnummer zugreifen.

Beispiel: Telefonbuch

Das Syntax-Schema zum Initialisieren eines `dict`-Objects hat die folgende Form:

Syntax Initialisierung

```
<identifier> = { <key1> : <value1>, <key2> : <value2>, ... }
```

Die Schlüsselwerte können beliebige hashbare Werte sein. Die interne Implementierung dieser Datenstruktur ist der Datenstruktur `set` sehr ähnlich und – wie bei `sets` auch – kann man ein `dict`-Objekt sehr schnell nach einem bestimmten Wert durchsuchen, wenn man den zugehörigen Schlüssel kennt.

Folgender Code zeigt die Definition eines Dictionary-Objekts mit drei Einträgen, wobei die Schlüssel jeweils String-Objekte und die Werte ebenfalls String-Objekte sind. Die Typen können bei einem Dict-Objekt jedoch nahezu beliebig variieren.

```
>>> d = { 'Niklaus Wirth' : '0049 7777' ,
          'Alan Turing' : '0042 2345' ,
          'John von Neumann' : '1234' }
>>> type(d)
dict
```

Folgendes Bild veranschaulicht die Zuordnungslogik des obigen `dict`-Objekts:

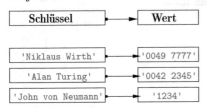

2.17.1 Dictionary-Operationen

Die drei grundlegenden Dictionary-Operationen sind:

(a) **Suchen**: Zugriff auf einen Wert über seinen Schlüssel
(b) **Einfügen**: Einfügen eines neuen Schlüssel-Wert-Paares
(c) **Löschen**: Löschen eines Schlüssel-Wert-Paares

Im Folgenden wollen wir auf die Umsetzung dieser drei Operationen eingehen.

(a) Suchen

Dictionary-Objekte sind darauf optimiert, Werte über den dazugehörigen Schlüssel zu suchen. Es verhält sich wie mit dem klassischen Telefonbuch: Eine Nummer zu finden über den Namen ist einfach. Dagegen ist es sehr schwer zu einer gegebenen Nummer den zugehörigen Namen zu suchen oder überhaupt zu bestimmen, ob eine bestimmte Nummer im Telefonbuch enthalten ist.

Zugriff auf Werte Welche Syntax wird für die Suche in einem Dict-Objekt verwendet? Bei den bisher behandelten sequenzartigen Datentypen (`list`, `tuple` oder `str`) kann man auf einzelne Elemente zugreifen indem man den Index des Elements im Indexoperator angibt.

```
<sequence>[<indexexpr>]
```

Bei `dict`-Objekten, ersetzt man einfach den Index durch den Schlüssel des gesuchten Elements.

```
<dictobject>[<key>]
```

Beispielsweise erhält man also den zum Schlüssel `'Alan Turing'` gehörigen Wert folgendermaßen:

```
>>> d['Alan Turing']
'0042 2345'
```

Der Zugriff auf einen Wert über Angabe des Schlüssels ist ähnlich performant wie die Prüfung bei `set`, ob ein gegebenes Element enthalten ist und liegt typischerweise im Nanosekunden-Bereich, unabhängig von der Größe des `dict`. Das liegt daran, dass die bei `set` und `dict` zugrundeliegenden Implementierungen viele Gemeinsamkeiten aufweisen. **Performanz**

Die Überprüfung, ob ein bestimmter Wert, ohne Kenntnis des zugehörigen Schlüssels, im `dict` vorhanden ist, ist dagegen viel weniger performant, vergleichbar mit der Suche eines Wertes in einem `list`-, `tuple`- oder `str`-Objekts.

Auch die Überprüfung, ob ein Schlüssel in einem Dict-Objekt enthalten ist, ist performant; dafür kann der `in`-Operator verwendet werden, den wir schon von den Sequenz-Datentypen und auch vom `set`-Datentyp her kennen. Möchte man etwa überprüfen, ob der Schlüssel `'Alan Turing'` im Dict-Objekt `d` enthalten ist, so kann dies wie folgt geschehen: **Suche nach Schlüssel**

```
>>> 'Alan Turing' in d
True
>>> 100 in d
False
```

(b) Einfügen

Die Syntax, um ein neues Schlüssel-Wert-Paar `<Schluessel>`, `<Wert>` in ein `<Dict-Objekt>` einzufügen, verwendet wieder den Indizierungsoperator:

```
<Dict-Objekt>[<Schluessel>] = <Wert>
```

So kann man etwa einen neuen Eintrag in Dict-Objekt `d` erzeugen:

```
>>> d["Nicolas Tesla"] = '123123'
>>> d
{ 'Niklaus Wirth' : '0049 7777' ,
  'Alan Turing' : '0042 2345' ,
  'John von Neumann' : '1234',
  'Nicolas Tesla' : '123123' }
```

(c) Löschen

Einen Eintrag kann man mit Hilfe des `del`-Kommandos löschen.

```
>>> del(d['Niklaus Wirth'])
>>> print(d)
{ 'Alan Turing' : '0042 2345' ,
  'John von Neumann' : '1234',
  'Nicolas Tesla' : '123123' }
```

Aufgabe 2.63

Das del-Kommando ist auch auf Listen anwendbar. Erstellen Sie die Liste

> ['Hallo', 'Welt', 'hier', 'bin', 'ich']

und löschen Sie das zweite Element.

2.17.2 Weitere Eigenschaften von dict

Typen Für die Werte (zu einem Schlüssel) können beliebige, auch zusammengesetzte Datentypen, oder selbst definierte Datentypen verwendet werden. Für die Schlüssel müssen hingegen unveränderliche Datentypen verwendet werden, wie beispielsweise str, int und tuple. Nicht möglich sind hingegen Werte vom Typ list oder set. Ansonsten ist ein beliebiger Mix aus Datentypen für Schlüssel und Wert möglich.

Iteration Ein Dictionary ist eine sequenzartige Struktur über die iteriert werden kann, zum Beispiel in einer for-Schleife:

```
>>> for x in d:
>>>    print(x)
Alan Turing
Jon von Neumann
Nicolas Tesla
```

Wie man sieht, durchläuft die Laufvariable x der obigen for-Schleife die Schlüsselwerde des Dictionary-Objekts d.

2.17.3 dict-Methoden

keys Mit der Methode keys() kann man sich alle Schlüssel eines dict-Objekts zurückgeben lassen in einer Listen-artigen Datenstruktur.

```
>>> d.keys()
dict_keys(['Alan Turing' , 'John von Neumann', 'Nicolas Tesla'])
```

values Mit der Methode values() kann mal sich alle Werte eines dict-Objekts zurückgeben lassen in einer Listen-artigen Datenstruktur.

```
>>> d.values()
dict_values(['0042 2345', '1234', '123123'])
```

Mit der Methode `items()` kann mal sich die Kombination aller Schlüssel   `items`
mit ihren Werten eines `dict`-Objekts zurückgeben lassen in einer Listen-
artigen Datenstruktur.

```
>>> d.values()
dict_items([('Alan Turing', '0042 2345') , ('John von Neumann', '1234'),
        ('Nicolas Tesla', '123123')])
```

Aufgabe 2.64

Schreiben Sie eine Funktion `reverseDict`, die ein dict-Objekt „um-
kehrt", d.h. alle Schlüssel zu Werten und alle Werte zu den entsprechenden Schlüsseln macht.

Beispiel:

```
>>> reverseDict({1:0, 100:99, "Hallo":3, "0":"1"})
{0:1, 99:100, 3:"Hallo", "1":"0"}
```

Aufgabe* 2.65

Gegeben sei ein in der Variablen `d` befindliches `dict`-Objekt. Geben Sie
Python-Code an, um ...

(a) zu berechnen, wie viele Einträge `d` enthält.
(b) zu berechnen, ob es einen Schlüssel mit dem Wert `'Hallo'` gibt.
(c) zu entscheiden, ob alle Schlüssel den Typ `int` haben.
(d) einen neuen Eintrag zu erzeugen, der dem Schlüssel `1` den Wert `2`
    zuordnet.
(e) jeder Zahl zwischen 1 und 10000 die Anzahl ihrer Ziffern zuzuordnen
    und diese Zuordnung in `d` zu speichern.
(f) alle Schlüssel zu suchen, die auf sich selbst abgebildet werden.
(g) das `dict`-Objekt „umzudrehen", d.h. alle Werte werden ihren Schlüs-
    seln zugeordnet.

Aufgabe* 2.66

Programmieren Sie eine Funktion `makeDict`, die zwei Sequenzen übergeben bekommt und daraus ein Dictionary-Objekt erstellt, indem Elemente der ersten Sequenz den Elementen der zweiten Sequenz an derselben
Indexposition zuweist. Beispielanwendung:

```
>>> makeDict([10,11,12], [1,2,3])
{10:1, 11:2, 12:2}
```

```
>>> makeDict(range(5), "Hallo")
{0:"H", 1:"a", 2:"l", 3:"l", 4:"o"}
```

Aufgabe* 2.67

Programmieren Sie eine Funktion dictIns, die ein dict-Objekt und
eine Liste von Schlüssel-Wert-Paar-Tupeln übergeben bekommt und all
diese Schlüssel-Wert-Paare in das dict-Objekt einfügt.

Beispielanwendung:

```
>>> d = {2:4, 10:2}
>>> dictIns(d,[("a","b"), ("10",10)])
{2: 4, 10: 2, 'a': 'b', '10': 10}
```

Aufgabe* 2.68

Programmieren Sie eine Python-Funktion unionDict – ohne Verwendung der dict-Methode update – um zwei dict-Objekte zu vereinigen
und die Vereinigung zurückzuliefern. Beispiel:

```
>>> d1 = {1:2, 4:'10'}
>>> d2 = {"Hallo": 1, 'Welt': "!"}
>>> unionDict(d1,d2)
{1: 2, 'Hallo': 1, 4: '10', 'Welt': '!'}
```

Aufgabe* 2.69

Programmieren Sie eine Funktion intersectDict, so dass
intersectDict(d1, d2) ein dict-Objekt zurückliefert, das nur Schlüssel enthält, die sowohl in d1 als auch in d2 vorkommen; die Werte dieser
Schlüssel sollen dann eine Tupel mit zwei Komponenten sein, der erste
Wert soll aus d1 kommen und der zweiten Wert soll aus d2 kommen.

Beispielanwendung:

```
>>> d1 = {1:2, "Hallo":0, "Welt": 10, 10: 0}
>>> d2 = {"Hallo": "Welt", 10: 100, 120: 1000}
>>> intersectDict(d1,d2)
{'Hallo': (0, 'Welt'), 10: (0, 100)}
```

Aufgabe* 2.70

Programmieren Sie eine Funktion mapDict, so dass mapDict(f,d) die
Funktion f auf die im Dict-Objekt d enthaltenen Werte anwendet.

Beispielanwendung:

```
>>> mapDict(lambda x: x*2, {1:2, 10:10})
{1: 4, 10: 20}
>>> mapDict(len, {2: "Hallo", (1,2): "a", 10: "Albstadt"})
{2: 5, (1, 2): 1, 10: 8}
```

Aufgabe* 2.71

Programmieren Sie eine Funktion `ids`, so dass `ids(d)` alle Schlüssel im Dictionary `d` in Form eines Set-Objekts zurückliefert, die auf sich selbst abgebildet werden.

Beispielanwendungen:

```
>>> d = {1:2, (1,2): [1,2], 0:0, "Hello":"Hello", 12:13}
>>> ids(d)
{0, 'Hello'}
>>> {d = {1:2, 10:2, "Hello": 3, 12: "World"}
>>> ids(d)
set()
```

2.18 Weitere Aufgaben

Aufgabe* 2.72

Schreiben Sie eine Funktion `prim`, die einen Wert vom Typ `Bool` zurückliefert: Sie soll also `True` zurückliefern, falls die übergebene Zahl eine Primzahl darstellt und andernfalls `False` zurückliefern.

Aufgabe* 2.73

Verwenden Sie die Funktion `prim` aus der vorhergehenden Aufgabe, um eine Liste aller Zwillingsprimzahlen zwischen 2 und 10000 zu erzeugen.

Anmerkung: Eine Zahl $p > 2$ heißt Zwillingsprimzahl, wenn $p + 2$ ebenfalls eine Primzahl ist.

Aufgabe* 2.74

Hier einige Spielereien mit Streudiagrammen unter Verwendung von `plt.scatter`. Dafür sollten Sie `matplotlib` importieren, was man häufig wie folgt macht:

```
import matplotlib.pyplot as plt
```

Außerdem sollten sie – wenn sie wollen, dass die Graphiken innerhalb des Notebooks erzeugt werden – das Magic-Command

```
%matplotlib inline
```

verwenden.

(a) Geben Sie Python-Code an, um folgendes Streudiagramm zu zeichnen:

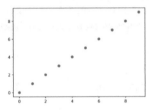

(b) Geben Sie Python-Code an, um folgendes Streudiagramm zu zeichnen:

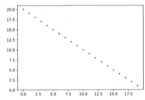

(c) Geben Sie Python-Code an, um folgendes Streudiagramm zu zeichnen; Sie dürfen dazu nicht mehr als 15 Zeilen Code verwenden:

(d) Geben Sie Python-Code an, um folgendes Streudiagramm zu zeichnen. Sie müssen dazu pi, sin und cos aus dem Modul math verwenden.

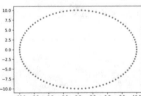

Aufgabe* 2.75

Programmieren Sie eine Funktion `splitN(l,n)`, die eine Liste oder Sequenz `l` so in eine Liste von Listen aufteilt, dass jede Liste die eine Länge von `n` hat – außer der letzten, die kann kürzer sein. *Beispielanwendung*:

```
>>> l = "Hallo Welt! Hier bin ich"
>>> splitN(l,4)
['Hall', 'o We', 'lt! ', 'Hier', ' bin', ' ich', '!']
```

Aufgabe* 2.76

Programmieren Sie eine Funktion `randomGroup(l,n)`, die eine Liste oder Sequenz `l` in zufällige Gruppen der Länge `n` aufteilt. Natürlich dürfen sie auch in der vorherigen Aufgabe 2.75 programmierte Funktion dazu verwenden. *Beispielanwendungen*:

```
>>> personen = ["Hannes", "Erwin", "Michael", "Susanne", "Hannah",
                "Matilda", "Julina", "Karl", "Mateo", "Elvira"]
>>> randomGroup(personen, 3)
[['Julina', 'Hannes', 'Michael'],
 ['Erwin', 'Elvira', 'Mateo'],
 ['Hannah', 'Karl', 'Matilda'],
 ['Susanne']]
>>> randomGroup(range(12), 4)
[[2, 3, 8, 7], [0, 4, 9, 11], [5, 1, 6, 10]]
```

Kapitel 3
Objektorientierte Programmierung

Um in dieses Kapitel einzusteigen, ist die Voraussetzung, dass sie das Konzept der Funktion und das Prinzip der Abstraktion gut verstanden haben. Denn die Objekt-Orientierte Programmierung bietet eine erweitere Art der Abstraktion an und stellt ein ganz neues *Programmierparadigma* dar, welche das Konzept der Kapselung erweitert.

Alle neuen Konzepte der Objekt-Orientierten Programmierung in diesem Kapitel stellen wir anhand konkreter Beispielklassen vor, beginnend mit der einfachen Klasse `Point` und weiter mit einigen Klassen, die Objekten der realen Welt entsprechen wie `Person`, `Auto` und `Oldtimer` und schließlich mit Klassen wie `Queue`, `Stack`, `Counter` und `Tree`, mit denen wir unter anderem die Konzepte der Vererbung, Abstraktion und Rekursion verdeutlichen.

Bevor wir aber überhaupt auf den Unterschied der klassischen prozeduralen Programmierung zur Objekt-Orientierten Programmierung eingehen, ist es wichtig zu wissen, dass die Objekt-Orientierte Programmierung oft unterschiedliche Begriffe für die gleichen oder ähnlichen Konzepte verwendet, die wir schon unter anderem Namen kennen. Folgende Tabelle stellt die Begriffe aus der Objekt-Orientierten Welt und der „klassischen" Welt gegenüber, welche die gleiche oder ähnliche Bedeutung haben:

Begriff OO	$\hat{=}$	Begriff klassisch	Beispiel
Klasse	$\hat{=}$	Typ	`list`
Objekt	$\hat{=}$	Wert eines Typs	`[1,2,3]`
Methode	$\hat{=}$	Funktion	`list.append`

Wenn wir also im klassischen Programmierparadigma von „Typ" sprechen, so spricht man in der Objekt-Orientierten Programmierung von „Klasse" und meint etwas sehr Ähnliches damit. Jedoch ist das Konzept der Klasse als eine Erweiterung des Konzeptes des Typs zu verstehen, wie gleich im nächsten Abschnitt und anhand der vielen Beispiele in diesem Kapitel noch näher erläutert wird.

© Der/die Autor(en), exklusiv lizenziert an
Springer-Verlag GmbH, DE, ein Teil von Springer Nature 2024
T. Häberlein, *Programmieren mit Python*,
https://doi.org/10.1007/978-3-662-68678-2_3

Gleich verhält es sich mit den Begriffen „Wert" und „Funktion"; auch diese haben in den Begriffen „Objekt" und „Methode" ihre Entsprechung in der Objekt-Orientierten Programmierung.

3.1 Was ist das Neue in der OO-Programmierung?

Typen & Funktionen Wenn man es in einem Satz verdeutlichen müsste, so könnte man sagen, dass man in der Objekt-Orientierten Programmierung die Typen zusammen mit den zugehörigen Funktionen und evtl. Attributen in einer Einheit, genannt „Klasse", kapseln möchte.

Weltmodell Warum will man aber Typen und die dazugehörigen Funktionen eng verknüpfen? Weil es in vielen Bereichen der Art und Weise entspricht, wie wir Menschen die reale Welt betrachten. Hier einige Beispiele unter vielen, die verdeutlichen, wie eng Typen und Funktionen in unserem Denken gekoppelt sind:

- Die Klasse `Auto` hat andere Funktionen (Methoden) wie die Klasse `Hochschule`. Mit einem Auto kann man fahren (d.h. `fahren` könnte man als Methode der Klasse `Auto` betrachten), mit einer `Hochschule` nicht. Eine Hochschule bietet Studiengänge, d.h. die Klasse `Hochschule` hat eine Methode `bietetAn`.
- Ein Auto hat Gewicht, Verbrauch, Geschwindigkeit; eine Hochschule hat eine Lage, Angebot, Studierende. Solche Eigenschaften einer Klasse nennt man in der Objekt-Orientierten Programmierung auch „Attribute".

Man würde also `Auto` und `Hochschule` als Klassen implementieren und `Auto.fahre` wäre eine Methode der Klasse `Auto`; `Hochschule.bieteAn` wäre eine Methode der Klasse `Hochschule`.

3.2 Definition einer Klasse

Eine Klassendefinition beginnt immer mit dem Schlüsselwort `class` gefolgt von einem Namen und einem „ :". Das Syntaxschema hat die folgende Form:

```
class <id1>[(<id2>)]:
    <kommando1>
    <kommando2>
    ...
```

Block Dieses Syntaxschema hat Ähnlichkeiten mit dem einer Funktionsdefinition; auch die Klassendefinition besteht aus einem Block von Kommandos. Diese `<kommando>`-Platzhalter sind aber häufig Funktions- bzw. Methodendefinitionen. Damit kann man die Methoden einer Klasse definieren. Wir werden im Weiteren noch viele Beispiele dafür sehen und so wird klarer werden, was eine Klasse ausmacht.

Der Platzhalter `<id1>` ist der Name der Klasse; Klassennamen werden häufig mit einem beginnenden Großbuchstaben gewählt, grundsätzlich gelten für
diese Namen aber genau die gleichen Regeln, wie für anderen Variablennamen
auch. Der optionale Teil (`<id2>`) kann für Vererbung verwendet werden; das
Konzept der Vererbung werden wir aber erst im letzten Teil dieses Kapitels
behandeln.

3.3 Aufruf einer Methode

Der Aufruf einer Methode in der objektorientierten Programmierung hat eine
andere Syntax wie der Aufruf einer Funktion in der klassischen prozeduralen
Programmierung. Betrachten wir ein Beispiel und nehmen an, `obj` sei der
Name eines Objekts der Klasse `C`; in dieser Klasse ist unter Anderem die Methode `m` definiert, die die beiden Parameter `x` und `y` hat. Die Klassendefinition
hat also in diesem Fall die Form:

```
class C:
    ...
    def m(self,x,y):
        ... # Code der Methode m
    ...
```

Der erste Parameter der Methode, `self`, muss immer angegeben werden und
sollte auch immer als `self` benannt werden. Theoretisch wäre es möglich,
diesen Parameter auch anders zu benennen, dies würde aber den Gepflogen-
heiten widersprechen. An diesen ersten Parameter wird immer das Objekt
gebunden, für das die Methode aufgerufen wird. Wie oben beschrieben nehmen wir also an, dass die Variable o ein solches Objekt der Klasse `C` enthält
(wie genau ein solches Objekt erzeugt werden kann, wird im nächsten Abschnitt beschrieben).

Dann hat der Methodenaufruf die folgende Form:

$$o.m(x\_val, y\_val)$$

wobei `x_val` und `y_val` konkrete Werte sind, die der Methode `m` übergeben
werden. Das Objekt o selbst wird beim Aufruf an den Parameter `self` gebunden. Hier ist interessant zu wissen, dass dieser Methodenaufruf Python-intern
in den Aufruf der Form

$$C.m(o,x\_val, y\_val)$$

umgewandelt wird. Dies macht deutlich, dass das Objekt o an den ersten
formalen Parameter gebunden wird.

Im Folgenden geben wir einige Beispiele für die typische Verwendung von
Klassen.

3.4 Erstes Beispiel: Die Klasse `Point`

Wir beginnen mit der denkbar einfachsten Klasse, die keinerlei Definitionen und Kommandos enthält:

```
class Point:
    pass # das 'leere' Kommando
```

Eine solche Klasse würde man nicht definieren und verwenden, sie dient nur der Veranschaulichung.

3.4.1 Konstruktor

Aber selbst diese einfachste Klassendefinition bringt die Möglichkeit mit sich, Objekte der Klasse `Point` zu erzeugen; dieser sog. *Konstruktur* wird durch die Klassendefinition automatisch erzeugt:

```
p1 = Point() # das ist der Konstruktor
```

In der Variablen `p1` ist jetzt ein neues Objekt der Klasse `Point` gespeichert. Man kann also den Namen der Klasse als Funktion verwenden; diese spezielle Funktion heißt *Konstruktor*; so kann man sich ein neues Objekt der Klasse „konstruieren". Dieser Konstruktor wird automatisch erzeugt, wenn man eine Klasse definiert. Das erzeugte Objekt hat den Typ `Point`:

```
>>> type(p1)
__main__.Point
```

3.4.2 Attribute

Dieses Objekt ist jedoch leer. Grundsätzlich kann man an ein Objekt aber immer sog. *Attribute* hängen. Ein Attribut kann man als Eigenschaft des Objekts betrachten. Es ist eine Variable, die an das Objekt geheftet ist und auf die man mittels der „."-Notation zugreifen kann. Folgendermaßen kann man zwei Attribute `x` und `y` des Objekts `p1` definieren:

```
p1.x = 10
p1.y = 20
```

Diese neuen Variablen sind in der globalen Umgebung nicht sichtbar; man kann nur auf sie zugreifen, wenn man ein „`p1`." davor schreibt; sie hängen am Objekt selbst. Diese Werte hängen jedoch nicht an der Klasse (auch solche Attribute gibt es aber) und sie hängen auch nicht an allen Objekten der Klasse `Point`: Definiert man ein weiteres Objekt der Klasse `Point`, so besitzt dieses neue Objekt diese beiden Attribute nicht.

Im nächsten Abschnitt sehen wir, wie man sicherstellt, dass alle erzeugte Objekte bestimmte Attribute haben.

3.4.3 Die `__init__`-Funktion und `self`

Die oben gezeigte Art, ein Attribut an ein Objekt zu heften, ist nicht praktikabel; Ziel ist es, sicherzustellen, dass alle Objekte der Klasse `Point` die gleichen Attribute besitzen.

Dies kann man sicherstellen, indem man die spezielle Methode `__init__`,   `__init__` die – falls in der Klasse definiert – immer automatisch ausgeführt wird, nachdem das Objekt mittels des Konstruktors erzeugt wurde. Die Underscores „`__`" zeigen an, dass es sich um einen sogenannte *Magic*-Methode handelt, die in Python eine besondere Bedeutung hat bzw. mit bestimmter Syntax in Python verknüpft ist.

Um zunächst zu zeigen, wie die `__init__`-Methode wirkt, definieren wir   **Beispiel** eine einfache Version der Klasse `Point` folgendermaßen:

```
class Point:
    def __init__(self):
        print('Das wird nach der Erzeugung ausgefuehrt')
```

Eine solche `__init__`-Methode würde in der Praxis keinen Sinn machen, jedoch veranschaulicht sie, dass die `__init__`-Methode immer direkt nach der Erzeugung eines Objekts durch den Konstruktor ausgeführt wird:

```
>>> p1 = Point()
Das wird nach der Erzeugung ausgefuehrt
```

Dies war die erste Methode, die wir programmiert haben und auch gleich   `self` schon eine Methode mit besonderer Bedeutung. Für was aber steht dieses Argument `self`? Jede Methode einer Klasse muss als ersten formalen Parameter immer `self`[1] enthalten; diesem ersten Parameter wird bei Ausführung der Methode die Referenz auf das Objekt selbst übergeben. Dass dies so ist, können wir durch die folgende zweite Version der `__init__`-Methode sehen:

```
class Point:
    def __init__(self):
        print(id(self))
```

Wir erinnern uns: die Funktion `id` liefert eine Identifikationsnummer des Objekts zurück, die wir uns als die Speicheradresse des virtuellen Speichers vorstellen können, an der das Objekt gespeichert ist. Nun kann man direkt sehen, dass der Parameter `self` bei der Ausführung der `__init__`-Methode das erzeugte Objekt selbst enthält.

---

[1] Tatsächlich könnte dieser erste Parameter beliebig benannt werden; es ist jedoch allgemeine Konvention, ihn als `self` zu bezeichnen, um seine Bedeutung zu verdeutlichen.

```
>>> p2 = Point()
1845149716880
>>> id(p2)
1845149716880
```

Einheitliche
Attribute
Dieses Verhalten der __init__-Funktion, dass diese immer automatisch
direkt nach der Objekterzeugung ausgeführt wird, können wir dazu verwenden, sicherzustellen, dass jedes Objekt der Klasse Point bestimmte Attribute
besitzt.

```
class Point:
    def __init__(self):
        self.x = 0
        self.y = 0
```

Nun hat jedes Objekt der Klasse Point direkt nach seiner Erzeugung die
beiden Attribute x und y:

```
>>> p3 = Point()
>>> p3.x, p3.y
(0,0)
```

3.4.4 __init__ mit Parametern

Man kann der __init__-Methode weitere Parameter mit übergeben, wie in
diesem Beispiel gezeigt.

```
class Point:
    def __init__(self, x, y):
        self.x = x
        self.y = y
```

Parameter
des
Konstruktors
Ein Aufruf des Konstruktors erfordert nun die Übergabe zweier Parameter:

```
>>> p4 = Point(10,20)
```

Automatisch nach der Erzeugung des Objekts wird im Hintergrund die
__init__-Methode ausgeführt und die dem Konstruktor übergebenen Werte 10 und 20 den Parametern der __init__-Methode übergeben. In obigem
Beispiel führt also Python im Hintergrund das Kommando

p4.__init__(10,20) bzw. Point.__init__(p4,10,20)

aus. In diesem Fall wird also

```
p4.x = 10
p4.y = 20
```

bei Erzeugung des Objekts ausgeführt.

3.4.5 Weitere Methoden der Klasse Point

Die einzige Methode, die wir bisher programmiert haben, war die Magic-Methode `__init__`. In diesem Abschnitt zeigen wir, wie ganze „normale" Methoden erstellt werden können, die die Funktionalität der Klasse Point vervollständigen. Dazu programmieren wir die wichtigsten Funktionalitäten eines Punktes: Berechnung des Abstands zum Ursprung, Verschiebung des Punktes und einige weitere Funktionalitäten als Übungsaufgaben.

Wir programmieren nun eine Methode `distOrig`, die den Abstand eines Punktes zum Ursprung berechnet. Point.distOrig

```
class Point:
    ...
    def distOrig(self):
        return (self.x**2 + self.y**2)**0.5
```

Wie jede andere Methode einer Klasse auch benötigt `distOrig` mindestens einen Parameter; dieser Parameter enthält das Objekt selbst über die diese Methode aufgerufen wird. Betrachten wir dazu den folgenden Beispielaufruf von `distOrig`:

```
>>> p = Point(3,4)
>>> p.distOrig()
5.0
```

Das für den Aufruf verwendete Objekt `p` wird automatisch übergeben und an den formalen Parameter `self` gebunden. Tatsächlich ist es so, dass der Aufruf `p.distOrig()` Python-intern umgewandelt wird in den Aufruf `Point.distOrig(p)`. Hat man diese Python-interne Umwandlung im Hinterkopf, dann ist klarer, warum das Objekt `p` an den ersten formalen Parameter der Methode gebunden wird.

Betrachten wir nun als weiteres Beispiel eine zweite Methode, die den inneren Zustand eines `Point`-Objekts verändert, also seine Attribute verändert. Point.shiftR
Dazu programmieren wir die Methode `shiftR`, die einen Punkt um einen bestimmten Betrag nach rechts schiebt:

```
class Point:
    ...
    def shiftR(self, d):
        self.x = self.x + d
```

Diese Methode erzeugt keinen Rückgabewert, sondern verändert lediglich das Objekt. Hier ein Beispiel für die Anwendung:

```
>>> p = Point(10,20)
>>> p.shiftR(5)
>>> p.x, p.y
(15,20)
```

Aufgabe 3.1

Programmieren sie eine `Point`-Methoden `double`, die die Koordinaten eines Punktes verdoppelt.

```
>>> p
(3|7)
>>> p.double()
>>> p
(6|14)
```

Aufgabe 3.2

Programmieren sie die `Point`-Methode, die die Multiplikation umsetzt. Beispielanwendung:

```
>>> p
(3|7)
>>> p * 10
(30|70)
>>> p * (-1)
(-3|-7)
```

Aufgabe 3.3

Programmieren sie die `Point`-Methode `toTuple`, die einen Point in ein Tupel umwandelt.

```
>>> p
(3|7)
>>> p.toTuple()
(3,7)
```

Aufgabe* 3.4

Programmieren Sie die Methode `spiegeleX`, die einen Punkt an der x-Achse spiegeln soll. Hier ein Beispiel für die Verwendung der Methode:

```
>>> p = Point(10,20)
>>> p.spiegelX()
>>> (p.x, p.y)
(10,-20)
```

3.4.6 String-Repräsentation eines Objekts

Bisher kann man sich einen Punkt zwar anzeigen lassen, das schaut aber sehr uninformativ aus. Hier die beiden Möglichkeiten – über `print` und über die Ausgabe des REPL-Modus – sich ein Objekt der Klasse `Point` anzeigen zu lassen:

```
>>> p1 = Point(100,102)
>>> print(p1) # Ausagbe ueber __str__
  <__main__.Point object at 0x000002BD7DCA4A00>
>>> p1 # Ausgabe ueber __repr__
  <__main__.Point at 0x2bd7dca4a00>
```

Diese Ausgaben sind das, was Python standardmäßig erzeugt. Häufig möchte man jedoch maßgeschneiderte Ausgaben, die auch gleichzeitig Informationen über die im Objekt enthaltenen Informationen mit ausgeben. Hierzu stehen zwei Magic-Methoden zur Verfügung, die String-Repräsentationen erzeugen: `__repr__` und `__str__`; sind keine dieser beiden Methoden implementiert, dann wird eine standardmäßige Ausgabe wie oben gezeigt erzeugt; wenn nur eine der beiden implementiert ist, dann wird in beiden Fällen auf die eine Implementierung zugegriffen. Die beiden Magic-Methoden haben gemeinsam, dass sie beide einen String zurückliefern, der als String-Repräsentation des Objekts verwendet wird. Sie unterscheiden sich folgendermaßen:

repr vs. *str*

- Die `__str__`-Methode erzeugt die String-Repräsentation, die für den reinen Anwender vorgesehen ist. Es ist diese Repräsentation, die verwendet wird, wenn das Objekt via `print` ausgegeben werden soll oder wenn es über einen Type-Cast in einen String umgewandelt werden soll.

- Die `__repr__`-Methode erzeugt eine String-Repräsentation, die eher für den Programmierer vorgesehen ist; diese Repräsentation – wenn sie sich denn überhaupt unterscheidet von der `__str__`-Repräsentation – legt den Fokus auf Eindeutigkeit: Objekte mit einem unterschiedlichen internen Zustand sollten sich auch in der String-Repräsentation unterscheiden.

Diese Unterscheidung wird jedoch nicht durch Python-interne Tests sichergestellt, sondern dies ist reine Konvention; hier hat der Programmierer freie Hand in der Ausgestaltung dieser beiden Magic-Methoden.

Nun zeigen wir, wie man sich selbst eine String-Repräsentation programmieren kann, indem man die Methoden `__repr__` oder `__str__` definiert. Beide Methoden verlangen, dass ein `str`-Objekt zurückgeliefert wird.

Sinnvoll ist etwa, dass die String-Repräsentation eines Punktes sowohl seinen x-Wert `self.x` also auch seinen y-Wert `self.y` anzeigt. Hier ein Beispiel für eine `__repr__`-Implementierung:

```
class Point:
    ...
    def __repr__(self):
      return 'P('+str(self.x)+'|'+str(self.y)+')'
    ...
```

Folgendes Beispiel zeigt, wie mit dieser Implementierung die Ausgaben eines Punktes aussehen:

```
>>> p1 = Point(10,20)
>>> p1
P(10|20)
>>> print(p1)
P(10|20)
>>> p1.shiftX(13)
>>> p1
P(23|20)
```

3.4.7 Implementierung von Operatoren

Magic-Methoden

In diesem Abschnitt wollen wir zeigen, wie man Operatoren, wie +, *, /, ** oder % implementieren kann; Für jeden dieser Operatoren gibt es eine Magic-Methode und diese Magic-Methoden für Operatoren haben alle folgendes gemeinsam:

- Sie liefern alle ein *neues* Objekt zurück; dieses neue Objekt ist das Ergebnis der Verknüpfung der beiden Operanden mit dem Operator.

- Sie erwarten alle zwei Operanden; der eine ist `self`, der andere ist der zweite Operand.

- All diese Magic-Methoden werden aufgerufen, wenn der entsprechende Operator ausgewertet wird.

Natürlich ist nicht jeder Operator sinnvoll für jede Klasse einsetzbar. Aber unsere `Point`-Klasse hat hier einige Anknüpfungspunkte: Zumindest scheint eine Addition, eine Subtraktion und eine Multiplikation sinnvoll.

+ auf Point

Angenommen, wir wollen, den +-Operator für Objekte der Klasse `Point` definieren, d.h. wir wollen etwa dass folgender Code ein sinnvolles Ergebnis liefert:

```
>>> p1 = Point(10,20)
>>> p2 = Point(3,6)
>>> p1+p2
TypeError: unsupported operand type(s) for +: Point and Point
```

Der Typfehler sagt aus, dass der +-Operator für Objekte der Klasse `Point` noch nicht definiert wurde. Um diesen nun zu implementieren, müssen wir die Magic-Methode `__add__` implementieren.

```
class Point:
    ...
    def __add__(self, p):
        # self ist also ein Objekt von Point und
        # p ist ein Objekt von Point
        return Point(self.x + p.x, self.y + p.y)
    ...
```

Wir sehen: Die Methode `__add__` erzeugt ein neues `Point`-Objekt. Dies ist auch genau das, was wir von einem mathematischen Operator erwarten: Er verändert nicht den Zustand des Programms sondern er stellt einen reinen Ausdruck dar und liefert ein neues `Point`-Objekt zurück. Die Addition zweier Punkte haben wir nun so definiert, dass sich jeweils die x-Werte und die y-Werte addieren.

```
>>> p1 = Point(1,2)
>>> p2 = Point(10,20)
>>> p1 + p2
P(11|22)
```

Die Notwendigkeit, dass das Ergebnis eines Operator-Ausdrucks ein neues Objekt der gleichen Klasse ergeben muss, kann man übrigens auch dadurch leicht einsehen, dass nur so verkettete Anwendungen des Operators möglich sind.

```
>>> p3 = Point(100,200)
>>> p1 + p2 + p3
P(111|222)
```

Der Ausdruck `p1 + p2 + p3` mit zwei verketteten +-Operatoren ist gleichzusetzen mit dem Ausdruck `(p1 + p2) + p3` und nur dadurch, dass `p1 + p2` wiederum ein `Point`-Objekt ergibt, ist die Verkettung möglich.

Aufgabe* 3.5

Programmieren sie die Multiplikation für Punkte. Hier ein Anwendungsbeispiel:

```
>>> p = Point(2,4)
>>> q = Point(10,10)
>>> p*q
P(20|40)
```

Aufgabe* 3.6

Programmieren sie die Methode `double`. Hier ein Anwendungsbeispiel:

```
>>> p = Point(3,7)
>>> p.double()
>>> p
P(6|14)
```

Aufgabe* 3.7

Programmieren Sie die Methode der Exponentiation. Beispiel:

```
>>> p
P(4|8)
```

```
>>> p**2
P(16|64)
```

3.5 Zweites Beispiel: Die Klasse Auto

Als zweites Beispiel betrachten wir ein Konzept der realen Welt: Ein Auto.
Wir modellieren ein recht einfaches Modell eines Autos mit einigen wenigen
Eigenschaften: Die Automarke, die Farbe, die Anzahl der Türen, und die
Anzahl der Plätze:

```
class Auto:
    def __init__(self, marke, farbe, tueren, plaetze):
        self.tueren = tueren
        self.plaetze = plaetze
        self.marke = marke
        self.farbe = farbe
```

Ein neues Auto kann man nun wie folgt erzeugen:

```
>>> a = Auto('Porsche', 'red', 3, 2)
>>> a.marke
'Porsche'
>>> a.tueren
3
```

3.5.1 Methoden

lackiere_um Viele Methoden sind dazu da, den internen Zustand eines Objekts zu ändern.
Hier stellen wir ein Beispiel einer solchen Methode vor: das Umlackieren eines
Autos.

```
class Auto:
    ...
    def lackiere_um(self, neueFarbe):
        self.farbe = neueFarbe
    ...
```

Diese sehr simple Methode verändert einfach den Wert des entsprechenden
Attributs farbe. Hier ein Beispiel für die Anwendung dieser Methode:

```
>>> a = Auto('Porsche', 'red', 3, 2)
>>> a.lackiere_um('green')
>>> a.farbe
'green'
```

__str__   Auch für die Klasse Auto brauchen wir eine angepasste __str__-Methode,
damit wir uns Objekte dieser Klasse sinnvoll anzeigen lassen können.

```
class Auto:
    ...
```

```
    def __repr__(self):
        return 'Auto'+str((self.marke, self.farbe, self.tueren, self.plaetze))

    def __str__(self):
        return 'Ein '+str(self.farbe) + 'er ' + str(self.marke) + ' mit ' + \
        str(self.tueren) + ' Tueren und ' + str(self.plaetze) + '
        Plaetzen'
    ...
```

Hier sieht man eine sinnvolle Unterscheidung zwischen der `__str__`-Methode
und der `__repr__`-Methode. Die erste liefert eine Ausgabe für den Benutzer,
die zweit liefert eine Ausgabe, die mehr für einen Programmierer gedacht ist.
Dies kann nun so angewendet werden:

```
>>> a = Auto('Porsche', 'rot', 3, 2)
>>> a
Auto('Porsche', 'red', 3, 2)
>>> print(a)
Ein roter Porsche mit 3 Tueren und 2 Plaetzen
```

3.5.2 Klassen-Attribute vs. Objekt-Attribute

Bisher hatten wir nur Objekt-Attribute betrachtet, d.h. Variablen, die an
einem Objekt hängen. Gelegentlich möchte man aber Attribute, die an der
Klasse selbst hängen.

In folgendem Code-Beispiel zeigen wir die Verwendung einer solchen Klas-
senvariablen, die die Anzahl der erzeugten Autos mitzählen soll. Dazu wurde
die `__init__`-Methode um das Kommando `Auto.anzAutos+=1` erweitert, um
sicherzustellen, dass bei jeder Objekterzeugung diese Variable erhöht wird.

```
class Auto:

    anzAutos = 0

    def __init__(self, marke, farbe, tueren, plaetze):
        self.tueren = tueren
        self.plaetze = plaetze
        self.marke = marke
        self.farbe = farbe
        Auto.anzAutos += 1

    ...
```

Der Zugriff auf diese Variable `anzAutos` erfolgt nun über den Klassennamen
`Auto` wie das folgende Beispiel zeigt:

```
>>> a = Auto('Porsche', 'rot', 3, 2)
>>> a2 = Auto('VW', 'blau', 5, 6)
>>> Auto.anzAutos
2
```

3.5.3 Verbindungen zwischen Klassen

Man könnte die Beziehung `Person` und `Auto` so modellieren, dass ein Auto
mehrere Besitzer haben könnte. Ein „Besitzer" ist eine Person, d.h. ein Objekt der Klasse `Person`. Solche Beziehungen zwischen Klassen (bzw. deren
Objekten) stellt man gerne graphisch dar.

Dieses Diagramm ist gemäß der sog. *Unified Modeling Language* (kurz: UML)
erstellt. Ohne im Detail auf die verwendete UML-Notation einzugehen, beschreiben wir kurz die Bedeutung der graphischen Elemente dieser Darstellung. Die Rechtecke beschreiben Klassen samt ihrer Attribute und Typen der
Attribute. Die Verbindung zwischen den beiden Klassen beschreibt die Beziehung zwischen diesen. Hierbei handelt es sich um eine sog. 1:n-Beziehung, d.h.
einem Objekt der Klasse `Auto` können mehrere Objekte der Klasse `Person`
zugeordnet werden. Unter der Verbindung kann optional der Name der Beziehung stehen – im Fall oben ist dieser „ist (Vor-)Besitzer". Was wir in der
Darstellung oben sehen ist ein einfaches sog. *Klassendiagramm*.

Definieren wir zunächst eine Klasse `Person`, die dem obigen Schema entspricht:

```
class Person:
    def __init__(self, name, alter, adresse):
        self.name = name
        self.alter = alter
        self.adresse = adresse
    def __repr__(self):
        return 'P'+str((self.name, self.alter, self.adresse))
```

Und nun erzeugen wir noch einige Personen mit Hilfe des Konstruktors
`Person`:

```
>>> p1 = Person('Albert Einstein', 130, 'Princeton')
>>> p2 = Person('Hannah Arendt', 110, 'New York')
>>> p3 = Person('Sofie Scholl', 99, 'Ulm')
>>> p4 = Person('Ayn Rand', 110, 'Los Angeles')
```

Es gibt mehrere Möglichkeiten, die durch obiges Klassendiagramm spezifizierte Beziehung zwischen der Klasse `Auto` und der Klasse `Person` umzuset-
zen. Unabhängig davon, wie es im Speziellen umgesetzt wird, brauchen wir
in jedem Fall eine Möglichkeit, die Besitzer zu speichern. In der unten gezeigten Implementierung wird verlangt, dass bei der Erzeugung eines Autos der
erste Besitzer gleich mit angegeben wird. Auch denkbar wäre, dass man bei
der Erzeugung eines Autos zunächst keinen Besitzer angibt und man dem
Attribut `besitzer` eines neu erzeugten Objektes anfänglich die leere Liste
zuweist. Welche der (vielen) Möglichkeiten man wählt, hängt immer davon

ab, wie und in welchem Kontext die Klasse verwendet wird. Zusätzlich implementieren wir noch zwei Methoden, um dieses neue Attribut zu modifizieren und auszugeben.

```python
class Auto():

    def __init__(self, marke, farbe, tueren, plaetze, ersterBesitzer):
        self.tueren = tueren
        self.plaetze = plaetze
        self.marke = marke
        self.farbe = farbe
        self.besitzer = [ersterBesitzer] # Ein-Elementige Liste

    def wechsleBesitzer(self, neuerBesitzer):
        self.besitzer.append(neuerBesitzer)

    def aktuellerBesitzer(self):
        return self.besitzer[-1]

    def __repr__(self):
        return 'Auto'+str((self.marke, self.farbe, self.tueren, \
                        self.plaetze, self.aktuellerBesitzer()))
    ...
```

Wie man sieht, wird bei der String-Ausgabe des Autos lediglich der aktuelle Besitzer mit ausgegeben. Denkbar wäre auch gewesen, die ganze Liste der Besitzer mit auszugeben. Nun können wir durch Aufruf der Methode wechsleBesitzer neue Besitzer hinzufügen, und wir können uns den aktuellen Besitzer jeweils ausgeben lassen. Folgendes Beispiel zeigt eine Verwendung der neuen Klasse Auto und der Effekt des Aufrufs von wechsleBesitzer.

```python
>>> a = Auto('Porsche', 'red', 3, 2, p4)
>>> a2 = Auto('VW', 'blau', 5, 6, p1)
>>> a.wechsleBesitzer(p3)
>>> a
Auto('Porsche', 'red', 3, 2, P('Sofie Scholl', 99, 'Ulm'))
>>> a.aktuellerBesitzer()
P('Sofie Scholl', 99, 'Ulm')
>>> a.besitzer
[P('Ayn Rand', 110, 'Los Angeles'), P('Sofie Scholl', 99, 'Ulm')]
```

Aufgabe 3.8

Definieren Sie eine Methode avgBesitzer, die das Durchschnittsalter aller Besitzer eines Autos berechnet.

3.5.4 Vererbung: Eine Subclass von Auto

„ist ein"-Beziehung

Vererbung verwendet man typischerweise dann, wenn man die Beziehung „... ist ein ..." umsetzen will. Diese Beziehung zwischen Klassen tritt in der realen Welt häufig auf, etwa „Ein Student ist eine Person", „Eine Turnhalle ist ein Gebäude", „Ein Fahrrad ist ein Fahrzeug", „Eine Katze ist ein Säugetier" oder „Ein Vogel ist ein Wirbeltier" usw.

Subclass, Superclass

Wir werden in diesem Abschnitt zeigen, wie man eine Klasse `Oldtimer` programmiert, die von der Klasse `Auto` erbt. Bevor wir uns aber an die eigentlich Implementierung machen, gehen wir noch auf die Nomenklatur ein: In der Objekt-Orientierten Programmierung verwendet man spezielle Begriffe, um die Beziehung zwischen erbenden Klasse und der vererbenden Klasse zu beschreiben. Man sagt:

- `Oldtimer` *ist eine Subclass von* `Auto`
- `Auto` *ist eine Superclass von* `Oldtimer`
- `Oldtimer` *erbt von* `Auto`

Klassendiagramm

In der graphischen Notation der UML-Klassendiagramme wird diese Beziehung zwischen Subclass und Superclass folgendermaßen dargestellt:

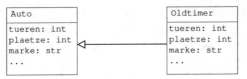

Prinzip

Man muss sich immer bewusst sein, dass eine Subclass spezieller ist (also ggf. zusätzliche Eigenschaften und zusätzliche Attribute besitzt) als die Superclass. Das Prinzip der Vererbung ist eigentlich sehr einfach: Die Subclass übernimmt automatisch *alle* Methoden und Attribute der Superclass. Dies kann man am Beispiel der folgenden „trivialen" Vererbung schön veranschaulichen. Folgende Klassendefinition erzeugt eine Klasse `Auto`, die von `Oldtimer` erbt – der Name der Superclass muss nach der zu deklarierenden Klasse in runde Klammern eingeschlossen angegeben werden:

```
class Oldtimer(Auto):  # Oldtimer erbt von Auto
    pass
```

Diese Deklaration bewirkt die Erstellung einer neuen Klasse `Oldtimer`, die alle Methoden und Attribute der Klasse `Auto` einfach übernimmt. Prinzipiell sehen wir eine hier eine reine Kopie der Superclass. Schauen wir uns an, wie sich nun `Oldimter`-Objekte „verhalten":

```
>>> ot = Oldtimer('Porsche', 'rot', 3, 2, p4)
>>> a = Auto('Porsche', 'rot', 3, 2, p4)
>>> type(ot), type(a)
(__main__.Oldtimer, __main__.Auto)
```

Wie zu erwarten unterscheiden sich `Auto`- und `Oldtimer`-Objekte in ihrem
Typ. Alle anderen Methoden und Attribute sind jedoch identisch:

```
>>> a
Auto('Porsche', 'rot', 3, 2, P('Ayn Rand', 110, 'Los Angeles'))
>>> ot
Auto('Porsche', 'rot', 3, 2, P('Ayn Rand', 110, 'Los Angeles'))
>>> a.lackiere_um('blau') ; ot.lackiere_um('blau')
>>> a
Auto('Porsche', 'blau, 3, 2, P('Ayn Rand', 110, 'Los Angeles'))
>>> ot
Auto('Porsche', 'blau, 3, 2, P('Ayn Rand', 110, 'Los Angeles'))
```

Wünschenswert wäre nun, dass sich die String-Repräsentation eines `Oldtimer`-
Objektes unterscheidet von der String-Repräsentation eines `Auto`-Objektes.
Häufig gibt es für Subclasses auch noch zusätzliche Methoden; wir werden nachher noch die Methode `insMuseum` implementieren, die einen den
`Oldtimer` ins Museum transportiert, indem der neue Besitzer das Museum
wird.

An dieser Stelle lohnt es sich zu erklären, wie man typischerweise die er-
bende Klasse erweitert.

1. Man definiert sich zusätzliche Attribute und zusätzliche Methoden.

2. Man überschreibt eine Methode der Superclass; das kann dadurch geschehen, dass man sie einfach neu definiert und damit die geerbte Methode
   überschreibt.

3. Man erweitert eine Methode der Superclass, d.h. überschreibt die Methode der Superclass nicht vollständig, sondern greift auf die Implementierung der geerbten Methode zurück und erweitert diese.

Als erstes Beispiel wählen wir eine Erweiterung des Typs 1 der obigen   `insMuseum`
Liste: Eine Definition einer zusätzlichen Methode `insMuseum`, mit der wir
den neusten Besitzer auf `Museum` stellen.

```
class Oldtimer(Auto):
    def insMuseum(self):
        self.wechsleBesitzer('Museum')
```

Hier folgen einige Zeilen, die die Anwendung der Methode `insMuseum` zeigen.

```
>>> ot = Oldtimer('Porsche', 'rot', 3, 2, p4)
>>> a = Auto('Porsche', 'rot', 3, 2, p4)
>>> ot.insMuseum()
>>> ot.besitzer
[P('Ayn Rand', 110, 'Los Angeles'), 'Museum']
>>> a.insMuseum()
AttributeError: 'Auto' object has no attribute 'insMuseum'
```

Wie man sieht, besitzt nur die Subclass `Oldtimer` die Methode, nicht aber
die Superclass.

Da bei der Vererbung alle Methoden, auch Magic-Methoden wie `__str__`   **Überschrei-**
und `__repr__` in die Subclass kopiert werden, besteht das Problem, dass   **ben**
Oldtimer-Objekte nun als Auto bezeichnet werden:

```
>>> ot
Auto('Porsche', 'rot, 3, 2, 'Museum')
```

Ein Beispiel für eine in der obigen Liste unter Punkt 2 aufgeführten Erweiterungen wäre das Überschreiben der Methode `__repr__`, so dass Oldtimer auch tatsächlich als solche dargestellt werden und nicht als Auto bezeichnet werden. Das könnte etwa folgendermaßen durch Überschreiben der Methode `__repr__` erfolgen:

```
class Oldtimer(Auto):
    ...
    def __repr__(self):
        return 'Oldtimer'+str((self.marke, self.farbe, self.tueren, \
                              self.plaetze, self.aktuellerBesitzer()))
    ...
```

Code Duplication Hier fällt auf, dass dieser Code viele Gemeinsamkeiten mit der Definition der `__repr__`-Methode in der Klasse `Auto` hat und wir einen Teil einfach nochmals nachprogrammieren; ein wichtiges Prinzip im Software-Engineering ist aber, diese Formen von „Code Duplication" zu vermeiden. Wie aber können wir vermeiden, den Teil erneut zu programmieren?

Aufruf Superclass Dies wäre ein Beispiel für eine in der obigen Liste unter Punkt 3 aufgeführte Erweiterung, d.h. statt die Methode `__repr__` der Superclass vollständig zu überschreiben, nutzt man den Code der Superclass-Methode durch einen Aufruf von `Auto.__repr__` und ergänzt diesen.

```
class Oldtimer(Auto):
    def __repr__(self):
        return 'Oldtimer'+Auto.__repr__(self)[4:]

    def insMuseum(self):
        self.wechsleBesitzer('Museum')
```

super() Durch die Qualifizierung `Auto.` bekommt man also den Zugriff auf die Methode der Superclass; eine üblichere Art (und auch allgemeinere Möglichkeit, da man nicht mehr explizit die Superclass referenzieren muss) besteht in der Verwendung der Methode super(), die automatisch eine Referenz auf die Superclass zurückliefert. Unter Verwendung von super() würde die obige Lösung also folgendermaßen aussehen:

```
class Oldtimer(Auto):
    def __repr__(self):
        return 'Oldtimer'+super().__repr__()[4:]

    def insMuseum(self):
        self.wechsleBesitzer('Museum')
```

Egal welche der beiden Lösungen man wählt, erhalten wir die folgende String-Repräsentation:

```
>>> ot = Oldtimer('Porsche', 'red', 3, 2, p4)
>>> ot
Oldtimer('Porsche', 'red', 3, 2, P('Ayn Rand', 110, 'Los Angeles'))
```

Ein weiteres Beispiel, wo eine Erweiterung einer vererbten Methode Sinn machen könnte, wäre die Anpassung der Methode `wechsleBesitzer` so, dass kein Besitzerwechsel mehr möglich ist, wenn der Oldtimer im Museum steht. Auch in diesem Fall rufen wir über `super().wechsleBesitzer` die Methode der Superclass auf; dies ist in der folgenden Implementierung der Methode `Oldtimer.wechsleBesitzer` umgesetzt.

```
class Oldtimer(Auto):
    ...
    def wechsleBesitzer(self,neuerBesitzer):
        if type(self.aktuellerBesitzer()) != str:
            super().wechsleBesitzer(neuerbesitzer)
        else:
            pass
    ...
```

Hier erfolgt also eine Überprüfung, ob der des aktuellen Besitzers ein String ist; in dem Fall, dass es ein String ist sollte es sich um das Museum handeln und eine Besitzerwechsel ist nicht möglich; andernfalls wird die Methode `wechsleBesitzer` der Superclass aufgerufen.

Aufgabe* 3.9

Zusätzlich wäre die Anpassung der geerbten Methode `avgBesitzer` notwendig; da der Eintrag `'Museum'` keine Person mit einem Alter ist, muss hier immer jeweils geprüft werden, ob der Besitzer-Eintrag ein Alter hat.

Programmieren sie (unter Verwendung von `super()`) die Methode `avgBesitzer` so um, dass diese auch für Oldtimer funktioniert.

3.6 Drittes Beispiel: Die Klasse `Queue`

Wenden wir uns nun im dritten Beispiel einer Klasse zu, die eine in der Informatik sehr wichtige Datenstruktur modelliert: Die Queue oder auch Warteschlange genannt. Die Queue ist eine neben der Datenstruktur Stack sehr wichtige Datenstruktur, um „ToDo"-Listen zu verwalten, falls diese Listen die Logik einer Warteschlange haben. Das nächste zu erledigende Element stellt sich hinten an die Warteschlange an; dasjenige Element, das als nächstes an der Reihe ist, ist das Element, das bisher am längsten wartet. Die folgende Abbildung zeigt das Prinzip nochmals graphisch; hier sind die „Elemente" als Strichmännchen dargestellt.

Die Queue-Datenstruktur

Ein neues Element wird mittels der Methode **enqueue** eingefügt. Das Element, das als nächstes an der Reihe ist, wird mit der Methode **dequeue** aus der Queue herausgenommen; es ist immer das Element, das sich bisher am längsten in der Queue befindet.

3.6.1 Methoden

Ein Möglichkeit, die Datenstruktur **Queue** zu modellieren ist über eine Klasse, mit den Methoden **enqueue** und **dequeue**. Auch hier ist es wieder erforderlich über die **__init__**-Methode die notwendigen Attribute zu definieren. Die einfachste und offensichtlichste Möglichkeit, die Elemente der Queue intern zu speichern, ist eine Liste; entsprechend wird jedem neu erzeugten Objekt ein Attribut zugewiesen, das anfangs die leere Liste enthält. Mit jeder **enqueue**-Operation wird dieser Liste ein Element hinzugefügt und mit jeder **dequeue**-Operation wird dieser Liste ein Element entnommen.

```python
class Queue:
    def __init__(self):
        self.q = []

    def enqueue(self, e):
        self.q.append(e)

    def dequeue(self):
        e = self.q[0]
        self.q = self.q[1:]
        return e

    def __repr__(self):
        if self.isEmpty():
            return 'Empty Queue'
        else:
            return '<-- ' + str(self.q)[1:-1] + ' <--'
```

Wir sehen, dass sie **enqueue**-Methode ein neues Element rechts an die Liste q anhängt und die **dequeue**-Methode das linkeste Element der Liste q entnimmt. Dadurch ist die Logik der Queue sichergestellt: Das Element, das sich am längsten in der Queue befindet kommt mittels **dequeue** als nächstes an die Reihe.

Funktions-
weise   Typisch für die Queue-Datenstruktur ist auch, dass die **dequeue**-Methode als Rückgabewert das Element zurückliefert, das an der Reihe war. Hier zur Veranschaulichung der Funktionsweise der Queue-Datenstruktur einige Anweisungen, die eine Queue erzeugen und einige enqueue- und dequeue-Operationen durchführen:

```python
>>> q = Queue()
>>> for x in ['Alan', 'Albert', 'Ayn', 'Hannah']:
        q.enqueue(x)
```

```
>>> q
<-- 'Alan', 'Albert', 'Ayn', 'Hannah' <--
>>> q.dequeue()
'Alan'
>>> q.enqueue('Paul')
>>> q.dequeue()
'Albert'
```

Ein wichtiges Prinzip hinter dieser Klasse ist das *Information Hiding*: Die Details der Implementierung sollten komplett versteckt sein vor demjenigen, der die Klasse benutzt. Das heißt insbesondere, dass der Benutzer der Klasse keine Kenntnis darüber zu haben braucht, wie die Elemente intern in der Klasse gespeichert sind; er sollte nie direkten Zugriff auf das Attribut q haben. Alle Veränderungen eines Objekts sollten ausschließlich über die Methoden enqueue und dequeue erfolgen. Das hat den großen Vorteil, dass man die interne Repräsentation der Queue auch austauschen könnte, ohne dass sich an der Verwendung der Klasse etwas ändert.

Aufgabe 3.10

Programmieren Sie eine Methode `isEmpty`, die überprüfen soll, ob eine Queue leer ist. Hier ein Anwendungsbeispiel dieser Methode:

```
>>> q = Queue()
>>> q.isEmpty()
True
>>> q.enqueue('Tom')
>>> q.isEmpty()
False
```

Aufgabe 3.11

Programmieren Sie die „Addition" von Queues, indem die jeweiligen Werte getupelt werden; sollte eine Queue länger sein als die andere , dann wird der Rest einfach abgeschnitten. Hier ein Anwendungsbeispiel:

```
>>> q1
<-- 11, 23, 45, 100, 2 <--
>>> q2
<-- 'Albert', 'Ayn', 'Hannah', 'Paul' <--
>>> q1 + q2
<-- (11, 'Albert'), (23, 'Ayn'), (45, 'Hannah'), (100, 'Paul') <--
```

Hinweis: Sie können hierzu die Funktion `zip` verwenden; `zip(l1,l2)` erzeugt aus zwei Listen bzw. Sequenzen eine Liste von Tupeln.

3.7 Viertes Beispiel: Die Klasse `Counter`

Im vierten Beispiel wollen wir die im Modul `collections` vorhandene Klasse `Counter` nachprogrammieren. Mithilfe dieser Klasse kann man zählen, welcher Wert wie häufig in einer Sequenz oder Sammlung von Werten vorkommt. Hier ein einfaches Beispiel, um zu veranschaulichen, wie die Klasse `Counter` verwendet werden kann.

```
>>> from collections import Counter
>>> c = Counter([1,1,1,2,3,2,2,1,1,1,2,3,0,0,1,1,2,3,4])
>>> c
Counter({1: 8, 2: 5, 3: 3, 0: 2, 4: 1})
```

Dem Konstruktor `Counter` wird eine Liste oder eine andere Sequenz übergeben und das erzeugte Counter-Objekt liefert eine dict-Struktur zurück, die jedem Element seine Häufigkeit zuweist: also die 1 kommt 8-mal vor, die 2 kommt 5-mal vor, usw. Die Counter-Klasse kann natürlich auch mit anderen Sequenz-Typen wie Strings verwendet werden.

```
>>> c2 = Counter("Hallo lala alabama banana")
>>> c2
Counter({'H': 1, 'a': 10, 'l': 5, 'o': 1, ' ': 3, 'b': 2, 'm': 1, 'n': 2})
```

Aufgabe* 3.12

Geben Sie Python-Code an, um die fünf häufigsten Wörter der Bibel zu suchen. Der Bibeltext ist in reiner Textform in der Datei `bibel.txt` verfügbar. Mittels

```
open('bibel.txt').read()
```

kann der komplette Inhalt als Python-String ausgelesen werden. Die Methode `most_common` liefert die häufigsten Elemente zurück.

3.7.1 Erster Ansatz: `dict`-Attribut

`__init__`,
`add`

Der erste und für Anfänger wohl offensichtlichste Ansatz, die Counter-Klasse nachzuprogrammieren, besteht darin, die Häufigkeiten in einem internen dict-Objekt zu speichern. Die `__init__`-Methode weist hierbei dem neu erzeugten Objekt ein Attribut `self.c` mit einem initial leeren Dict-Objekt zu. Der Counter-Konstruktor erlaubt die optionale Übergabe einer Sequenz; entsprechend hat die `__init__`-Methode einen Named Parameter `s` mit Default-Wert `[]`; so ist der Aufruf des Konstruktors auch ohne Parameter möglich.

Für jedes Element in der übergebenen Sequenz `s` wird die `add`-Methode ausgeführt und das Element dem `dict` hinzugefügt, wobei diese Art des „Hinzufügens" darin besteht, den Zähler für den entsprechenden Eintrag `self[c]` hochzuzählen, oder diesen neu zu erzeugen, falls noch kein Eintrag vorhanden ist.

```
class myCounter:
    def __init__(self, s=[]):
        self.c = {}
        for x in s:
            self.add(x)

    def add(self,x):
        """fuegt x in den Counter ein"""
        if x in self.c:
            self.c[x] = self.c[x] + 1
        else:
            self.c[x] = 1
```

Die grundsätzliche Funktionsweise von `Counter` hätten wir damit schon nachprogrammiert, wie in folgendem Beispiel zu sehen ist:

```
>>> mc = myCounter("Hallo lala alabama banana")
>>> mc.c
{'H': 1, 'a': 10, 'l': 5, 'o': 1, ' ': 3, 'b': 2, 'm': 1, 'n': 2}
```

3.7.2 Methoden

Nun wollen wir möglichst alle Methoden nachprogrammieren, die die Klasse `Counter` bietet.

Allerdings können wir ein Objekt der Klasse `MyCounter` noch nicht anzeigen lassen: `__repr__`

```
>>> mc
<__main__.myCounter at 0x1d67a303760>
```

Um eine „sinnvolle" Anzeige ähnlich wie bei der `Counter`-Klasse zu erhalten, müssen wir die `__repr__`-Methode implementieren. Dies geschieht einfach dadurch, dass wir das als Attribut gespeicherte `dict`-Objekt `self.c` in seine String-Repräsentation umwandeln – für `dict`-Objekte sind die `__str__`- und die `__repr__`-Methode ja implementiert – und dann davor noch den String `'MyCounter'` hängen:

```
class myCounter:
    ...
    def __repr__(self):
        return 'myCounter(' + str(self.c) + ')'
    ...
```

Aufgabe 3.13

Programmieren Sie die Methode `most_common` für die `MyCounter`-Klasse.

3.7.3 Indizierung

Die `Counter`-Objekte lassen es zu, über den Indizierungsoperator `[...]`
auf Häufigkeiten einzelner Element zuzugreifen. Das funktioniert aber bei
`MyCounter`-Objekten leider noch nicht.

```
>>> mc = myCounter("lalalulu,lililili")
>>> mc['l']
TypeError: 'myCounter' object is not subscriptable
```

Die Eigenschaft „not subscriptable" heißt: Der Indizierungsoperator ist
nicht definiert. Diesen können wir aber implementieren, indem wir die Methode `__getitem__` programmieren. Der Indizierungsoperator zum Auslesen
von Daten ruft Python-intern automatisch die `__getitem__`-Methode auf.
Ein Aufruf der `help`-Funktion liefert Informationen über die Verwendung
dieser Methode:

```
>>> help(Counter.__getitem__)
Help on method_descriptor:
__getitem__(...)
    x.__getitem__(y) <==> x[y]
```

Die Methode `__getitem__` erwartet also neben `self` noch ein Argument `y`,
das als Argument des Indizierungsoperators verwendet wird.

Wir erweitern nun die Klasse `myCounter` also folgendermaßen:

```
class myCounter:
    ...
    def __getitem__(self,y):
        """ implementiert self[y]; y ist der Schluessel"""
        return self.c[y]
    ...
```

Die Implementierung scheint recht einfach: Die Indizierung wird einfach an
das `dict`-Objekt „durchgeschleust".

**Code
Duplication**
Ein ähnliches Prinzip des Durchschleusens würde man anwenden für die
Implementierung des Setzens eines Wertes über Indizierung; gleiches gilt auch
für eine Vielzahl weiterer Methoden, die die `Counter`-Klasse bietet, wie etwa
die Methoden `keys`, `values` und `items`. Auch dies ist eine Form der Code-
Duplication: Würden wir dem aktuellen Entwurf der Klasse weiter folgen, so
müssten wir immer die gleiche Art des Durchschleusens von Funktionalität
auf das `dict`-Attribut durchführen. Das ist nicht nur unschön, sondern jegliche Art der Code-Duplication senkt die Qualität des Codes und macht ihn
schwieriger wartbar.

Was aber können wir dagegen tun? Es gibt in der Tat eine bessere Art, die Klasse `MyCounter` zu entwerfen: Durch Vererbung von der Basisklasse `dict`. Was für einen Entwurf durch Vererbung von `dict` spricht ist die Tatsache, dass die meisten `dict`-Methoden auch für Klasse `MyCounter` sinnvoll wären. Wir sehen gleich, wie viel einfacher der Entwurf von `MyCounter` wird, wenn wir Vererbung verwenden.

3.7.4 Zweiter Ansatz: Entwurf durch Vererbung von `dict`

Wir definieren `myCounter` als Subclass von `dict`. Dadurch werden alle Methoden und Attribute automatisch weitergegeben.

Der Entwurf sieht ähnlich aus, wie der Entwurf aus den vorherigen Kapiteln bis auf den entscheidenden Unterschied: Hier verwenden wir kein Attribut `self.c`, das ein Dictionary speichert, sondern das `self` selbst verhält sich bereits wie ein Dictionary. Wichtig zu verstehen ist der Aufruf von `super().__init__()` in der `__init__`-Methode; dies ist wichtig, um sicherzustellen, dass alle für Dictionary-Objekte notwendigen Initialisierungen auch hier ausgeführt werden; würde dies fehlen, so wäre durch aufgrund des Überschreibens der `__init__`-Methode der Superclass `dict` alle Dictionary-spezifischen Initialisierungen verloren.

```
class myCounter(dict):

    def __init__(self, s=[]):
        super().__init__()
        for x in s:
            self.add(x)

    def add(self,x):
        if x in self:
            self[x] = self[x] + 1
        else:
            self[x] = 1

    def __repr__(self):
        return "myCounter(" + super().__repr__() + ")"
```

Die Objekte der Klasse `MyCounter` können durch die Vererbung nahezu so verwendet werden, als wäre es ein `dict`-Objekt; da wir von `dict` geerbt haben, unterscheiden sich diese nur durch den Typ und die neu hinzugefügten und modifizierten Methoden.

Aufgabe 3.14

Offenbar ist der +-Operator für `Counter`-Objekte definiert und funktioniert wie in folgendem Beispiel gezeigt:

```
>>> c1
Counter({'H': 1, 'a': 1, 'l': 2, 'o': 1})
>>> c2
Counter({'l': 2, 'a': 2})
>>> c1 + c2
Counter({'H': 1, 'a': 3, 'l': 4, 'o': 1})
```

Der +-Operator erzeugt also ein neues `Counter`-Objekt in dem die einzelnen Häufigkeiten addiert sind.

Implementieren Sie einen +-Operator für die `MyCounter`-Klasse der sich gleich dem +-Operator der `Counter`-Klasse verhält.

Aufgabe 3.15

Implementiern sie die Multiplikation für `myCounter`-Objekte, so dass sie wie in folgendem Beispiel funktioniert:

```
>>> c1 = Counter("Hallo")
>>> c1 * 10
Counter({'H': 10, 'a': 10, 'l': 20, 'o': 10})
>>> c1 * Counter("lala")
Counter({'a': 2, 'l': 4})
```

3.8 Fünftes Beispiel: `EventL` – Vererbung von einer Basisklasse

Im folgenden Beispiel wollen wir uns eine Klasse definieren, die Listen implementiert, welche nur ganze gerade positive Zahlen enthalten können. Auch hier könnte man damit beginnen eine Klasse zu definieren und jedem Objekt ein Attribut zuweisen, das eine Liste enthält, um dann alle List-spezifischen Methoden nachzuprogrammieren:

```
class EvenL:
    def __init__(self):
        self.l = []
    ...
```

Subclass von
list
Einfacher und programmiertechnisch sauberer ist aber auch hier, von der Klasse `list` zu erben. Die folgende leere Klassendefinition liefert uns bereits alle Methoden, die die `list`-Klasse bietet:

```
class EvenL(list):
    pass
```

So umgesetzt, verhält sich ein `EvenL`-Objekt exakt so wie ein `list`-Objekt. Folgendermaßen kann man sich dann ein `EvenL`-Objekt erzeugen und Methoden darauf ausführen:

```
>>> l = EvenL()
>>> l.append(10) ; l.append(20)
>>> l
[10, 20]
```

Wie man sieht, wurde natürlich auch die `__repr__`-Methode geerbt und EvenL-Objekte haben entsprechend eine String-Repräsentation, die der von Listen gleicht.

Um zu verhindern, dass ein EvenL-Objekt ungerade Zahlen enthalten kann, müssen wir verschiedene Methoden anpassen. Wir beginnen mit der Anpassung der append-Methode. Den Test, ob ein einzufügendes Element den Anforderungen entspricht, d.h. in unserem Fall eine gerade Zahl darstellt, kapseln wir in die Funktion ok.

append

```
class EvenL(list):
    def append(self,x):
        if ok(x):
            super().append(x)
```

Nur wenn das einzufügende Element eine gerade Zahl ist, wird es also tatsächlich eingefügt, d.h. wird die append-Methode der Superclass ausgeführt; ist das einzufügende Element dagegen eine gerade Zahl, so geschieht nichts. Alternativ könnte man auch eine Fehlermeldung in Form einer Exception auslösen. Hier ein Anwendungsbeispiel, das zeigt, dass diese Klasse Versuche ungerade Zahlen anzuhängen, ignoriert:

```
>>> l = EvenL()
>>> for x in range(20):
    l.append(x)
>>> l
>>> [0, 2, 4, 6, 8, 10, 12, 14, 16, 18]
```

Aufgabe 3.16

Programmieren Sie die Funktion ok.

Aufgabe 3.17

Was passiert, wenn man nicht die append-Methode der Superclass aufruft, sondern einfach die append-Methode von EventL? Dies würde der folgenden Implementierung entsprechen:

```
class EvenL(list):
    def append(self,x):
        if ok(x):
            self.append(x)
```

Da `__repr__` von list geerbt ist, kann man an der String-Repräsentation noch nicht erkennen, ob das Objekt eine list oder eine EvenL ist. Hierzu muss die `__repr__`-Methode angepasst werden:

`__repr__`

```
class EvenL(list):

    def __repr__(self):
        return "EvenL("+super().__repr__()+")"
    ...
```

Wie in vielen Fällen, in denen wir geerbte Methoden erweitern oder anpassen, greifen wir auch hier über `super().__repr__()` auf die Implementierung der Superclass zurück.

Es gibt noch einige weitere Methoden, die angepasst werden müssen, damit EvenL-Objekte keine anderen als die gewünschten geraden ganzen Zahlen enthalten können. Ein Beispiel ist die Indizierungsmethode, denn mittels Indizierung können wir bestimmte Einträge einer Liste setzen. Hier ein Beispiel, wie man mittels Indizierung eine ungerade Zahl in eine EvenL-Liste „einschleußen" kann:

```
>>> e = EvenL()
>>> for i in range(10): e.append(i)
>>> e[0] = 1
>>> e
EvenL([1,2,4,6,8])
```

Um diesen Fall zu lösen, können wir nach dem gleichen Schema auch hier die dahinter liegende Methode anpassen. Dazu muss man wissen, dass die Zuweisung `e[0] = 1` intern in den Methodenaufruf `e.__setitem__(0,1)` umgewandelt wird und entsprechend muss die Methode `__setitem__` angepasst werden. Wir fragen ab, ob für das einzufügende Element x gilt, dass `ok(x)` erfüllt ist und erst unter dieser Voraussetzung rufen wir die Methode `__setitem__` auf.

```
class EvenL(list):
    def __setitem__(self, i,x):
        if ok(x):
            super().__setitem(i,x)
    ...
```

Aufgabe* 3.18

Es gibt weitere Methoden, die angepasst werden müssten:

- `extend`
- `insert`
- `__add__`
- `__init__`

Passen Sie auch diese Methoden entsprechend an und vervollständigen sie damit die Implementierung der Klasse EvenL.

3.9 Sechstes Beispiel: Bäume

Bäume sind Graphen mit einer hierarchischen Struktur. Sie werden in der Informatik häufig verwendet, insbesondere um eine effiziente Suche zu implementieren oder um Objekte wie Dateisysteme oder hierarchische Beziehungen zu modellieren.

Ein Baum ist eine Datenstruktur (wie auch eine Liste, ein Tupel oder ein Graph). Viele Objekte in der Informatik besitzen eine baumartige Struktur, wie etwa Klassenhierarchien, Verzeichnisstrukturen, Ontologien oder Suchstrukturen. Die folgende Abbildung zeigt die Darstellung eines Beispiel-Baums mit insgesamt 7 Knoten, dem Wurzelknoten a und sog. Blattknoten e, f und g.

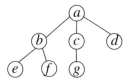

Bäume sind nicht nur eine sehr wichtige Datenstruktur in der Informatik, sie veranschaulichen auch die Implementierung einer rekursiven Datenstruktur mittels einer Klasse in Python.

Ein Baum ist eine rekursive Datenstruktur, da er wiederum aus Bäumen besteht. Der Baum in obiger Abbildung etwa besteht aus den folgenden drei „kleineren" Bäumen:

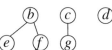

3.9.1 graphviz

Um Bäume auch graphisch in Python und Jupyter darstellen zu können, sollte die Bibliothek `graphviz` installiert werden; die Installation besteht aus zwei Teilen.

Installation

1. Zunächst muss sichergestellt werden, dass `graphviz` selbst auf dem Rechner installiert und verfügbar ist; insbesondere muss das Skript `dot` auffindbar sein. Unter `https://graphviz.org/download` kann `graphviz` bezogen und installiert werden.

2. Erst danach sollte die graphic-Bibliothek von Python installiert werden; im Anaconda-System kann diese auf der Kommandozeile etwa folgendermaßen erfolgen:

```
conda install -c anaconda graphviz
```

Anwendung
Das graphviz-Modul definiert unter anderem eine Klasse `Graph`, die es erlaubt einen Graphen etwa durch seine Kanten („Edges") zu definieren und diesen Graphen auch darzustellen. Folgender Code zeigt die Definition eines `Graph`-Objekts, das den obigen Beispielbaum repräsentiert.

```
>>> import graphviz
>>> baum = graphviz.Graph()
>>> baum.edges([("a", "b"), ("a", "c"), ("a", "d"), ("b", "e"),
            ("b", "f"), ("c", "g")])
```

In einem Jupyter Notebook kann dann das `Graph`-Objekt folgendermaßen gezeichnet werden:

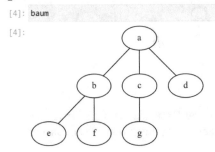

Man sieht, dass man graphviz lediglich die Kanteninformationen übergeben muss und es dann daraus automatisch eine graphische Darstellung ableiten kann.

Aufgabe 3.19

Erstellen sie Pythoncode, um den folgenden Baum zu zeichnen:

3.9.2 Binäre Suchbäume

Informationen
Binäre Suchbäume speichern numerische Information oder – allgemeiner – Informationen, die einer Ordnungsrelation unterliegen, d.h. die der Größe

nach vergleichbar sein müssen. Diese Suchbäume bieten eine schnelle Suche, d.h. die Frage ob und wo ein bestimmter Wert in einem Suchbaum gespeichert ist, kann auch bei sehr großen Datenmengen sehr schnell entschieden und beantwortet werden.

Ein Baum heißt „binär", wenn jeder Knoten höchstens zwei Kind-Knoten besitzt. Der zu Beginn dieses Abschnitts gezeigte Beispielbaum war etwa kein binärer Baum, da es einen Knoten, nämlich der Wurzelknoten, mit drei Kindern gab. **Binärer Baum**

Ein Suchbaum ist ein binärer Baum, der bestimmte Eigenschaften erfüllt: **Suchbaum**

- Der rechte Teilbaum eines Knotens enthält nur Knoten, deren Markierung größer ist als die Wurzel; der linke Teilbaum enthält nur Knoten, deren Markierung kleiner ist als der die Wurzel;
- Beide Teilbäume sind wiederum Suchbäume.

Man sieht, dass diese Eigenschaft rekursiv ist: Ein binärer Suchbaum besteht i.A. aus zwei Teilbäumen; das sind die beiden Bäume, die an den Kind-Knoten der Wurzel hängen. Dass diese beiden Teilbäume wiederum die Eigenschaft haben müssen, die in der Definition steckt deren Teil sie sind, ist rekursiv.

Schauen wir uns nun einen beispielhaften binären Suchbaum an.

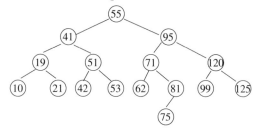

Aufgabe 3.20

Die Tiefe eines Baumes ist die Länge des längsten Pfades von der Wurzel zu einem Blatt.

(a) Was ist die Höhe des oben dargestellten Suchbaums?
(b) Was ist die Höhe eines Suchbaums mit ca. 1000 Knoten – vorausgesetzt fast alle Knoten haben zwei Kinder?
(c) Was ist die Höhe eines Suchbaums mit ca. 1 Mrd. Knoten – vorausgesetzt fast alle Knoten haben zwei Kinder?

3.9.3 Repräsentation in Python

Repräsenta-
tion als
Suchbaum

Wie kann man einen (binären) Baum in einer Programmiersprache repräsentieren? Eine Möglichkeit wäre einen Baum als Sequenz dreier Elemente zu repräsentieren

- Erstes Element: Wert an der Wurzel
- Zweites Element: linker Teilbaum
- Drittes Element: rechter Teilbaum

Beispiel   Oben dargestellten Suchbaum könnte man also als folgendes 3-Tupel in Python repräsentieren:

```
linker_TB = (41 , (19, (10,None,None), (21,None,None)) , ( .., ... ,... ) )
rechter_TB = ( , , )
baum = (55, linker_TB, rechter_TB)
```

Im Prinzip hätten wir eindeutig die Struktur und Inhalt des Baums erfasst. Trotzdem entscheiden wir uns besser für die Repräsentation über eine Klasse; diese bietet neben mehr Typsicherheit auch die Möglichkeit Operationen auf Suchbäumen (wie die Suche, das Einfügen und das Löschen) in der Klasse zu kapseln.

Aufgabe 3.21

Vervollständigen sie die oben skizzierte Repräsentation als 3-Tupel.

3.9.4 Die Klasse BTree

Typsicherer ist die Repräsentation mit einer Klasse; dabei kann man mittels der `__init__`-Methode sicherstellen, dass jedes `BTree`-Objekt aus einem Schlüssel `k`, einem linken Teilbaum und einem rechten Teilbaum besteht; zusätzlich verwenden wir noch ein Attribut `v`, in dem bei Bedarf ein zum Schlüssel gehöriger Wert gespeichert werden kann. Dies erinnert an die Struktur eines `dict`-Objektes das eine effiziente Zuordnung von Schlüsseln zu Werten implementiert und in der Tat kann man durch die Klasse `BTree` die sogenannten Dictionary-Operationen effizient implementieren.

__init__

```
class BTree:
    def __init__(self, k, linker_TB=None, rechter_TB=None, v=None):
        """ linker_TB muss ein BTree-Objekt sein;
            rechter_TB muss ein BTree-Objekt sein."""
        self.k = k
        self.l = linker_TB
        self.r = rechter_TB
        self.v = v
```

Wie man sieht, werden die Argumente `linker_TB` und `rechter_TB` als Named Parameter realisiert. So kann man einen Baum, der nur aus einem Knoten besteht, komfortabel über `BTree(w)` erzeugen und die Attribute `l` und `r` werden automatisch auf `None` gesetzt.

Man kann nun den linken Teilbaum des obigen Suchbaums folgendermaßen repräsentieren:

```
linkerTB = BTree(41, BTree(19,BTree(10),BTree(21)) ,
                     BTree(51, BTree(42), BTree(53)))
```

Aufgabe 3.22

Geben Sie Python-Code an, um den gesamten Suchbaum als `BTree`-Objekt zu erzeugen.

3.9.5 Zeichnen eines Baumes

In diesem Abschnitt wollen wir beschreiben, wie man mit Hilfe der `graphviz`-Bibliothek ein Objekt der Klasse `BTree` zeichnen kann. Dies bringt uns gleichzeitig dazu, die erste rekursive Methode zu programmieren; aufgrund der rekursiven Struktur eines BTrees ist es tatsächlich so, dass viele Methoden am einfachsten rekursiv zu implementieren sind.

Ein BTree besteht neben seinem Wurzelelement wiederum aus zwei BTrees, **Rekursion** einem linken und einem rechten. Viele Methoden lassen sich elegant dadurch implementieren, indem sie sich selbst wiederum auf dem linken und auf dem rechten Teilbaum aufrufen. Selbstverständlich braucht man eine sog. Abbruchbedingung, die sicherstellt, dass eine solche rekursive Aufrufkaskade nicht endlos weitergeht; aber die Abbruchbedingung ergibt sich ganz natürlich aus einem Test, ob der linke bzw. rechte Teilbaum leer ist, also den Wert `None` annimmt. Eine rekursive Methode auf einem BTree hat also folgendes Muster:

```python
class BTree:
...
def methRek(self, ...):
    ...
    if self.l != None:
        erg_l = self.l.methRek(...)
    if self.r != None:
        erg_l = self.r.methRek(...)
    return ... erg_l ... erg_r ...
```

Wichtig ist bei der rekursiven Programmierung, dass man gedanklich davon ausgeht, dass der rekursive Aufruf das korrekte Ergebnis liefert und dann unter dieser Annahme die restlichen Funktionalitäten dieser Methode vervollständigt. Dies ähnelt dem Beweisprinzip der vollständigen Induktion in der Mathematik, das sie Annahme verwendet, die Aussage würde für kleinere n gelten.

Kanten   Um einen BTree zu plotten, benötigen wir eine Liste seiner Kanten. Beispielsweise bei dem folgenden BTree b

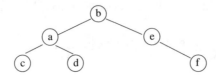

wären das die folgenden Kanten:

```
>>> b.E()
[("b","a"), ("b","e"), ("a","c"), ("a", "d"), ("e","f")]
```

Diese Methode E werden wir nun programmieren.

E   Hierbei gehen wir nach dem Rekursionsschema vor.

```python
class BTree:
    ...
    def E(self):
        # wenn es einen linken Teilbaum gibt; man kann auch schreiben: if self.l!=None
        if self.l != None:
            green_edge = [(str(self.w),str(self.l.w))]
            red_edges = self.l.E() if self.l else []
        else:
            green_edge = []
            red_edges = []
        if self.r != None.
            blue_edge = [(str(self.w),str(self.r.w))]
            black_edges = self.r.E()
        else:
            blue_edge = []
            black_edges = []
        return green_edge + red_edges + blue_edge + black_edges
    ...
```

Im folgenden Beispielbaum sind die Kanten entsprechend der Kategorien eingefärbt, damit klarer wird, welche der Kanten des Baumes durch welchen Teil der Implementierung erzeugt wird.

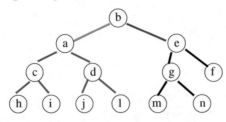

Die roten Kanten und die schwarzen Kanten werden durch rekursive Aufrufe self.l.E() bzw. self.r.E() erzeugt. Die grüne und die blaue Kante werden dagegen direkt als das Tupel (str(self.w), str(self.l.w)) und als das Tupel (str(self.w), str(self.r.w)) erzeugt.

Aufgabe* 3.23

Die Methode E kann mit Hilfe von `if`-Ausdrücken (statt mit `if`-Komman-
dos) noch kürzer programmiert werden. Verwenden sie statt `if`-Komman-
dos nun `if`-Ausdrücke zur Implementierung der Methode E.

Mit Hilfe der Methode E und dem Modul GraphViz kann man nun ganz   `plot`
einfach einen BTree darstellen:

```
class BTree:
    ...
    def plot(self):
        G = graphviz.Graph()
        G.edges(self.E())
        return G
```

In einem Jupyter-Notebook würde diese Darstellung dann so aussehen:

```
[6]: linkerTB = BTree("a",BTree("c", BTree("h"), BTree("i")),BTree("d", BTree("j"), BTree("l")))
     rechterTB = BTree("e", BTree("g", BTree("m"), BTree("n")), BTree("f"))
     b = BTree("b", linkerTB, rechterTB)

[8]: b.plot()

[8]:
```

3.9.6 Einfügen

Hier präsentieren wir noch die Implementierung der Einfüge-Methode `insert`,
die einen neuen Schlüsselwert k in einen Suchbaum einfügt. Ein Suchbaum implementiert die Dictionary-Operationen, also eine Schlüssel-Wert-Zuordnung
und entsprechend erlauben wir das Einfügen eines Wertes v, der diesem
Schlüssel zugeordnet ist.

```
class BTree:
    ...
    def insert(self,k,v=None):
        if k>self.w:
            # Fuege im rechten Teilbaum ein.
            if self.r: # Es gibt einen rechten Teilbaum
```

```
            self.r.insert(k,v)
        else:      # Es gibt keinen rechten Teilbaum
            self.r = BTree(k, val=v)
    elif k<self.w:
        # Fge im linken Teilbaum ein.
        if self.l:
            self.l.insert(k,v)
        else:
            self.l = BTree(k,val=v)
    elif k==self.w:
        self.v = v
```

Wenn wir einen neuen Knoten in einen Suchbaum einfügen wollen, dann verwenden wir die Suchbaum-Eigenschaft um die richtige Stelle zu finden.

Wir prüfen zunächst anhand eines Vergleichs `k>self.w` mit dem Wurzelelement `self.w`, ob das einzufügende Element `k` in den linken oder den rechten Teilbaum passt; gilt `k>self.w` muss gemäß der Suchbaumeigenschaft gelten, dass das Element `k` in den rechten Teilbaum gehört; entsprechend fahren wir dann mit der Einfügeoperation im rechten Teilbaum fort durch den rekursiven Aufruf `self.r.insert(k,v)`. Analoges gilt für den Fall, dass `k<self.w`.

Sobald die Suche nicht mehr weiterkommt, d.h. der linke bzw. der rechte Teilbaum leer ist, wurde die richtige Einfügestelle gefunden und ein neuer Knoten `BTree(k,v)` wird an dieser Stelle gespeichert.

Aufgabe* 3.24

Implementieren sie die Methode `search(k)`, die den zum Schlüssel `k` gehörenden Wert sucht.

(a) Verwenden sie zur Implementierung Rekursion.

(b) Verwenden sie zur Implementierung eine `while`-Schleife.

Aufgabe* 3.25

(a) Programmieren sie eine Methode `sumBT`, die alle Elemente des Baums aufsummiert.

(b) Programieren sie eine Methode `depth`, die die Tiefe eines Baumes berechnet.

(c) Programmieren Sie eine Methode `maxBT`, die das maximale Element eines Baums zurückliefert.

3.10 Weitere Aufgaben

Aufgabe* 3.26

Implementieren Sie die Klasse `Person`. Für jede Person soll ein Nachname und ein Vorname gespeichert werden. Jede Person soll ein Alter und eine Größe (in Zentimeter haben). Außerdem solle jede Person eine Liste von Freunden haben, die ihrerseits natürlich Personen sind. Implementieren Sie die folgenden Funktionen:

(a) Implementieren Sie einen Konstruktor, der Name, Vorname, Alter und Größe einer Person erhält und eine Instanz der Klasse `Person` erzeugt.

(b) Implementieren Sie eine Methode `werdeAelter`, die eine Person um ein Jahr altern lässt. Immer dann, wenn diese Methode 10 mal aufgerufen wurde, soll die Person um einen Zentimeter schrumpfen.

(c) Implementieren Sie die Methode `isBaby`, die zurückliefert, ob die Person ein Baby ist, also 1 Jahr oder 0 Jahre alt.

(d) Implementieren Sie die Methode `neuerFreund`, die einen neuen Freund zur Liste der Freunde der Person hinzufügt.

(e) Implementieren Sie die Methode `freunde`, die die Liste der Namen der Freunde der Person zurückliefert.

(f) Implementieren Sie die Methode `aeltesterFreund`, die den ältesten Freund der Person zurückliefert.

Aufgabe* 3.27

Implementieren die in folgendem Bild dargestellt Klassenhierarchie mit einer sinnvollen Implementierung der im Diagramm aufgeführten Methoden.

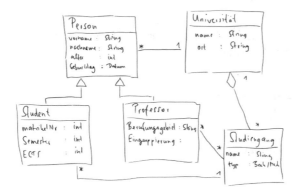

Implementieren Sie Methoden, um Studiengänge zu Universitäten, Pro-

fessoren zu Studiengängen und Studierende zu Studiengängen hinzuzu-
fügen.

Aufgabe* 3.28

Programmieren Sie eine Klasse `UnionDict`, die sich genau wie die Klasse
`dict` verhält, aber noch eine zusätzliche Methode `union` anbietet, die
das `UnionDict`-Objekt mit einem anderen `dict`- oder `UnionDict`-Object
vereinen kann. Hier ein Beispiel für die Funktionsweise:

```
>>> d = UnionDict()
>>> d[1] = 2 ; d[10] = 20
>>> d
{1: 2, 10: 20}
>>> d.union({2:3, '4':10})
>>> d
{1: 2, 10: 20, '4': 10, 2: 3}
```

Aufgabe* 3.29

(a) Definieren sie eine Klasse `DefaultDict`, die sich wie `dict` verhält,
außer dass der Zugriff auf nicht definierte Schlüssel einen bei der Erstellung des dict-Objekts übergebenen Default-Wert zurückliefert.

Beispiel:

```
>>> d = DefaultDict(10)
>>> d[2]
10
>>> d[1] = 11
>>> d[1]
11
>>> d[1] + d[2] + d[3]
31
```

(b) Erweitern sie nun die Klasse um eine Methode `changeDefault`, die
den Default-Wert ändert.

Beispiel:

```
>>> d = defaultDict("x")
>>> d[1] = 10
>>> d[2]
"x"
>>> d.changeDefault("y")
>>> d[2]
"y"
```

Aufgabe* 3.30

Programmieren Sie eine Klasse `Bruch` um positive Bruchzahlen zu repräsentieren.

(a) Programmieren die den Konstruktor, der einen positiven ganzzahligen Zähler und einen positiven ganzzahligen Nenner benötigt. Siehe Beispiel unten.
(b) Programmieren Sie eine String-Repräsentation von `Bruch`-Objekten, so dass Ausgaben entstehen wie im Beispiel unten gezeigt.
(c) Programmieren Sie die Addition zweier Brüche.
(d) Programmieren Sie die Multiplikation zweier Brüche (siehe Beispiel unten).
(e) Programmieren Sie eine Methode `addOne`, die den Bruch um eins erhöht – siehe Beispiel unten.
(f) Programmieren Sie die Methode `isNatural`, die testet, ob der Bruch eine natürliche Zahl ist.
(g) Programmieren Sie die Methode `reciprocal` (zu deutsch: „Kehrwert"), die den Kehrwert eines Bruches zurückliefert (den Bruch selbst jedoch unverändert lässt).

```
>>> b = Bruch(3,4)
>>> b
3/4
>>> b.addOne()
>>> b
7/4
>>> b * Bruch(1,2)
7/8
>>> Bruch(4,2).isNatural()
True
>>> b.reciprocal()
4/7
```

Aufgabe* 3.31

Implementieren Sie eine (eigene) Klasse `MyCompl`, die komplexe Zahlen repräsentieren soll mit passenden Attributen und Methoden – bitte ohne Zuhilfename der bestehenden `complex`-Klasse.

(a) Implementieren Sie eine sinnvolle Konstruktor-Methode, so dass die Klasse wie in den Beispielen unten gezeigt „funktioniert".
(b) Implementieren Sie die `__str__`-Methode, die eine Stringrepräsentation eines `MyCompl`-Objekts wie folgt zurückliefern soll:

```
>>> z = MyCompl(1.0,2.0)
>>> z
```

```
1.0 + 2.0i
```

(c) Implementieren Sie die Methode add der Klasse MyCompl, die eine
komplexe Zahl c zum Objekt hinzuaddiert. Die Methode soll ein
neues MyCompl-Objekt zurückliefern.

(d) Implementieren Sie die Methode mul der Klasse MyCompl, die die
komplexe Zahl c mit dem Objekt multipliziert. Die Methode soll
ein neues MyCompl-Objekt zurückliefern.

Funktionsweise an einem Beispiel:

```
>>> z1 = MyCompl(1,2)
>>> z2 = MyCompl(2,3)
>>> z3 = z1.add(z2)
>>> z1
1.0 + 2.0i
>>> z3
3.0 + 5.0i
```

Aufgabe* 3.32

Implementieren Sie eine Klasse MyCompl2, die ebenso wie die obige Klasse die Addition und die Multiplikation komplexer Zahlen implementiert,
nun jedoch die internen Methoden __add__ und __mul__ implementiert,
so dass die Klasse wie in folgendem Beispiel arbeitet:

```
>>> c1 = MyCompl2(1,2) ; c2 = MyCompl2(4,4)
>>> c1,c2
(1 + 2i, 4 + 4i)
>>> c1 * c2
-4 + 12i
>>> c1 + c2
5 + 6i
```

Aufgabe* 3.33

Implementieren Sie eine Klasse Stack und bauen Sie dabei auf der folgenden Definition auf.

```
class Stack;
def __init__(self):
self.st = []
...
```

Implementieren Sie die folgenden Methoden:

(a) Implementieren Sie eine Methode push, die Elemente auf den Stack
lädt.

(b) Implementieren Sie eine Methode `pop`, die das oberste Element vom Stack löscht und dieses Element zurückliefert.

(c) Implementieren Sie die Methode `__len__`, die die Anzahl der Elemente des Stacks zurückliefert.

(d) Implementieren Sie eine Methode `toList`, die alle im Stack enthaltenen Elemente als Liste zurückliefert.

(e) Implementieren Sie eine Methode `multPop`, die eine Ganzzahl `n` übergeben bekommt und n Pop-Operationen ausführt. Die Ergebnisse aller Pop-Operationen sollen als Liste zurückgeliefert werden.

Beispiel für die Funktionsweise des Stacks:

```
>>> s = Stack()
>>> s.push(1) ; s.push("HallO") ; s.push(4.32) ; s.push(True)
>>> s.pop()
True
>>> s.push("a")
>>> s.pop(), s.pop()
('a', 4.32)
>>> s.pop()
'HallO'
```

Aufgabe* 3.34

Programmieren sie eine Klasse `StackUndo`, die eine Subclass von `Stack` ist und ein Undo erlaubt, das die letzte `push`-Operation rückgängig macht.

(a) Definieren Sie den „Kopf" der Klasse.
(b) Schreiben Sie die Methode `undo`.

Aufgabe* 3.35

Implementieren sie eine Subclass von `Queue` mit dem Namen `VIPQueue`, die es erlauben soll, besonders „wichtige" Elemente („VIP-Elemente") in die Queue einzufügen. Ein VIP-Element kommt immer füher „an die Reihe" als ein herkömmliches Element, in dem bei einer `dequeue`-Anweisung immer geprüft wird, ob das vorletzte Element ein VIP-Element ist: Falls ja, wird das VIP-Element zurückgeliefert und das Nicht-VIP-Element, das eigentlich an der Reihe wäre, muss noch warten.

(a) Implementieren sie die Deklaration der Klasse `VIPQueue` zusammen mit der `__init__`-Methode.
(b) Implementieren sie eine Funktion `isVIP`, die überprüft, ob ein Element ein VIP-Element ist.

(c) Implementieren sie die Methode `enqueueVIP`, die ein VIP-Element einfügt.

(d) Implementieren sie die Methode `numVIPs`, die die Anzahl der VIP-Elemente in der Queue zurückliefert.

(e) Überschreiben sie die Methode `dequeue` so, damit das oben beschrieben Verhalten sichergestellt wird: Es muss immer geprüft werden, ob das vorletzte Element ein VIP-Element ist und in diesem Fall wird das vorletzte Element zurückgeliefert.

(f) Überschreiben sie die `__repr__`-Methode der `Queue`-Klasse, so dass die VIP-Elemente separat ausgegeben werden.

Beispielverhalten:

```
>>> q = VIPQueue()
>>> for x in "AB": q.enqueue(x)
>>> q
<-- A, B <--
>>> q.enqueueVIP("C")
>>> q.numVIPs()
1
>>> q
<-- A, B, *C* <--
>>> q.dequeue()
'A'
>>> q.dequeue()
'C'
>>> q.dequeue()
'B'
```

Aufgabe* 3.36

Implementieren Sie eine Klasse für einen Aufgaben-Manager, der anstehende Aufgaben (jeweils repräsentiert als String, der die Aufgabenbeschreibung enthält) verwaltet. Jede Aufgabe hat eine Priorität (repräsentiert als eine Ganzzahl), die die Wichtigkeit oder Dringlichkeit der Aufgabe angeben soll. Je kleiner diese Zahl, desto wichtiger die entsprechende Aufgabe. Für eine Priorität kann es mehrere Aufgaben geben. Als Container-Klasse für die Aufgaben einer bestimmten Priorität soll die oben implementierte Klasse `Stack` dienen. Der „Kopf" der Klasse sei gegeben durch:

```
class AufgabenManager:
def __init__(self):
self.aufgaben = {}
...
```

Implementieren Sie die folgenden Methoden, so dass die Klasse gemäß der am Ende der Aufgabenstellung gezeigten Beispielanwendung funktioniert.

(a) Die Methode `neueAufgabe`, die eine neue Aufgabe mit einer bestimmten Priorität hinzufügt. Der Methode muss ein String und eine Ganzzahl übergeben werden.

(b) Die Methode `hoechstePrio`, die die höchste Prioritätsstufe zurückliefern soll.

(c) Die Methode `erledigeNaechsteAufgabe`, die die nächste Aufgabe der höchsten Prioritätstufe erledigt, d.h. aus der Datenstruktur löscht und den Aufgaben-String zurückliefert.

(d) Eine Methdoe `alleAufgabenMitPrio`, die alle Aufgaben einer bestimmten Prioritätsstufe zurückliefert. Die Methode soll eine (eventuell auch leere) Liste von Strings zurückliefern.

(e) Die Methode `allePrios`, die eine Liste aller Prioriätsstufen zurückliefern soll.

(f) Die Methode `anzahlAufgabenPrio`, die die Anzahl der Aufgaben einer bestimmten Prioritätsstufe zurückliefern soll. Die Methode soll eine Prioritätsstufe übergeben bekommen.

(g) Die Methode `anzahlAufgaben`, die zurückliefern soll, wie viele Aufgaben es insgesamt gibt.

Hier eine Beispielanwendung der Klasse:

```
>>> aufgs = AufgabenManager()
>>> aufgs.neueAufgabe("Kueche putzen",5)
>>> aufgs.neueAufgabe("Auf Prog 1 lernen", 1)
>>> aufgs.neueAufgabe("Oma besuchen", 2)
>>> aufgs.neueAufgabe("Auf Mathe 1 lernen", 1)
>>> aufgs.neueAufgabe("Fahrrad putzen", 10)
```

```
>>> aufgs.erledigeNaechsteAufgabe()
"Auf Mathe 1 lernen"
>>> aufgs.erledigeNaechsteAufgabe()
"Auf Prog 1 lernen"
>>> print(aufgs.hoechstePrio())
2
>>> print(aufgs.anzahlAufgabenPrio(1))
0
>>> print(aufgs.anzahlAufgaben())
3
```

Aufgabe* 3.37

Ein Graph ist ein mathematisches Objekt, bestehend aus *Knoten* und Verbindungen zwischen Knoten, genannt *Kanten*. Man kann einen Graphen als eine sogenannte Adjazenzliste repräsentieren, d.h. indem man jedem Knoten des Graphen die Liste der Nachbarknoten (mathematisch gesprochen: die Liste der Adjazenten Knoten) zuordnet.

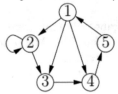

(a) Erstellen Sie eine Klasse `Graph`, die einen Graphen repräsentiert dessen Knoten mit Werten beliebigen Typs „beschriftet" sind. Erstellen Sie eine Methode `addNode(k)`, die einen neuen Knoten k in den Graphen einfügt. Sollte es den Knoten bereits geben, so soll einfach nichts passieren.

(b) Erstellen Sie eine Methode `addEdge(k,j)`, die eine neue Kante von Knoten k nach Knoten j einfügt. Sollte einer der Knoten k oder j nicht existieren oder die Kante bereits existieren, so soll einfach nichts passieren.

(c) Erstellen Sie eine Methode `V()`, die eine Liste aller Knoten eines Graphen zurückliefert.

(d) Erstellen Sie eine Methode `E()`, die eine Liste aller Kanten des Graphen zurückliefert; eine Kante besteht aus zwei Teilen: dem Knoten, von dem die Kante ausgeht, und die dem Knoten, an dem die Kante endet.

(e) Erstellen Sie eine Methode `allSingles()`, die die Liste aller Knoten zurückliefert, die keine Nachbarn haben.

(f) Erstellen Sie eine Methode `mostEdges()`, die den Knoten mit den meisten Kanten zurückliefert.

(g) Erstellen Sie eine Methode `neighbors(v)`, die eine Sequenz der Nachbarn eines Knotens zurückliefert.

(h) Erstellen Sie eine Methode `goFromTo(k, j)`, die einen (nicht unbedingt den kürzesten) „Weg" von k nach j berechnet, d.h. eine Folge von Kanten die von Knoten k nach Knoten j führt. Das Ergebnis soll in Form einer Liste von Knoten zurückgeliefert werden, die auf dem Weg liegen. Falls kein solcher Weg existiert, so soll eine leere Liste zurückgeliefert werden.

Empfehlung: Dies ist ein schwierige Aufgabe, bearbeiten Sie diese erst am Ende!

(i) Schreiben Sie eine Methode `drawGraph()`, die eine Zeichnung des Graphen erstellt.

Hinweis: Das funktioniert am einfachsten, in dem sie das Python-Paket `graphviz` verwenden.

Den in der Abbildung dargestellten Graphen sollte man dann folgendermaßen erstellen können:

```
>>> g = Graph()
>>> for i in range(1,6): g.addNode(i)
>>> for i,j in [(1,2),(2,2), (1,3), (2,3), (3,4), (1,4), (4,5), (5,1)]:
g.addEdge(i,j)
```

Aufgabe* 3.38

Verwenden sie für die nachfolgenden Aufgaben aus der Bibliothek `random` ausschließlich die Funktion `randint` und/oder `sample`.

(a) Schreiben Sie eine Funktion `randomMap`, die eine zufällige Permutation der Elemente einer Liste vornimmt und diese Permutation in Form eines `dict`-Objekts zurückliefert. *Beispielanwendungen*:

```
>>> randomMap("ABCDEF")
{"A":"D", "B":"B", "C":"F", "E":"A", "F":"C"}
>>> randomMap([10,11,12,13])
{10:10, 11:12, 12:11, 13:13}
```

(b) Schreiben Sie nun eine Klasse `SubChiffre`, die einen Text mittels einer Buchstabensubstitution die auf einer Zufallspermutation basiert verschlüsselt. Erstellen Sie dazu in dieser Teilaufgabe zunächst die Deklaration der Klasse und den Konstruktor. Der Konstruktor soll hierbei eine Sequenz übergeben bekommen und eine Zufallspermutation (Attribut `substMap`; siehe Beispielanwendung unten) davon erzeugen, die für nachfolgende Verschlüsselungen und Entschlüsselungen verwendet wird.

(c) Schreiben Sie die Methode `encode`, die einen Text durch die anfangs
    gewählte zufällige Buchstabensubstitution verschlüsselt.
(d) Schreiben Sie eine Methode `decode`, die einen Text durch die an-
    fangs gewählte zufällige Buchstabensubstitution entschlüsselt.

Hinweise:

- Bei der Verschlüsselungsmethode „Buchstabensubstitution" wird je-
  der Buchstabe auf genau einen anderen Buchstaben abgebildet. Wel-
  cher Buchstabe auf welchen anderen abgebildet wird, ist in einer
  Tabelle oder – in unserem Fall – in einem Dictionary-Objekt gespei-
  chert. Im Fall unten wird etwa der Buchstabe `'h'` immer auf den
  Buchstaben `'f'` abgebildet und der Buchstabe `'l'` immer auf den
  Buchstaben `'o'`, usw.
- Beispielanwendung der zu programmierenden Klasse:

```
>>> g = "abcdefghijklmnopqrstuvwxyz !."
>>> c = SubChiffre(g)
>>> c.substMap
{' ': 'v',
 '!': 'c',
 '.': 'l',
 'a': 'y',
 ....
>>> cipherText = c.encode("hallo welt. das ist eine nachricht!")
>>> chipherText
'fyoorvpqoscvtykvhksvqheqveydfxhdfsl'
>>> c.decode(cipherText)
```

Kapitel 4
Funktionale Programmierung

Im vorliegenden Kapitel wird das Programmierparadigma der Funktionalen Programmierung in Python vorgestellt.

4.1 Ausdrücke vs. Kommandos

Um den Unterschied des Paradigmas der Funktionalen Programmierung zur Prozeduralen Programmierung zu verstehen, ist es wichtig, sich den Unterschied zwischen Ausdrücken und Kommandos nochmals bewusst zu machen, denn

Unterschied Ausdruck und Kommando

- Ein (rein) funktionales Programm besteht nur aus Ausdrücken.
- Ein Prozedurales Programm besteht hauptsächlich aus Kommandos.

Ausdrücke stehen lediglich für einen Wert und haben keinen Einfluss auf den globalen Zustand eines Programms. Kommandos dagegen verändern den Zustand des Programms, d.h. sie bewirken eine Veränderung des Zustands von Ein-Ausgabe-Geräten oder des Speichers oder von Werten, die in Variablen gespeichert sind. Die in der zweiten Zeile des folgenden Listings befindliche Zuweisung ist also ein Kommando, während die rechte Seite des Gleichheitszeichens ein Ausdruck ist.

```
>>> from random import sample
>>> l = sample(range(100), 10)
>>> l
[27, 3, 0, 24, 87, 95, 75, 11, 79, 81]
```

Die zweite Zeile erzeugt 20 zufällige Zahlen aus $\{0,\dots,99\}$.

Eine anschauliche Möglichkeit, den Unterschied zwischen einem Ausdruck und einem Kommando zu erklären, sind die zwei Arten des Sortierens, die Python anbietet: Zum einen ist dies die Funktion `sorted`, die eine sortierte Version der übergebenen Liste zurückliefert:

`sorted` vs. `sort`

© Der/die Autor(en), exklusiv lizenziert an
Springer-Verlag GmbH, DE, ein Teil von Springer Nature 2024
T. Häberlein, *Programmieren mit Python*,
https://doi.org/10.1007/978-3-662-68678-2_4

```
>>> sorted(l)
[0, 3, 11, 24, 27, 75, 79, 81, 87, 95]
```

Dadurch wurde nichts am Zustand des Programms verändert; insbesondere wurde der Inhalt von l nicht verändert. Der Aufruf von sorted steht also lediglich für einen Wert, in obigem Beispiel für eine Liste. Allerdings wurde das Ergebnis nicht gespeichert und darum wird es schnell durch den Garbage Collector aufgeräumt.

Die Kommando-Version des Sortierens wird durch die Methode sort bereitgestellt. Der Aufruf von sort steht für keinen Wert (in Python wird „kein Wert" durch den Wert None repräsentiert), verändert aber den Inhalt der Variablen l und damit auch den Zustand des Programms:

```
>>> l.sort()
>>> l
[0, 3, 11, 24, 27, 75, 79, 81, 87, 95]
```

Aufgabe 4.1

Ein häufiger Anfängerfehler besteht darin, das Ergebnis von sort zu speichern in der Annahme, es könnte das eigentliche Ergebnis enthalten. Betrachten sie die folgende Zeile:

```
v = l.sort()
```

Welcher Wert befindet sich anschließend in v?

Aufgabe* 4.2

Vergleichen Sie die Laufzeit der sort-Methode und der sorted-Funktion. Was stellen Sie fest? Erklären Sie.

4.1.1 Kommando-if vs. Audrucks-if

Man beachte, dass das Schlüsselwort if in den folgenden Zeilen ein Kommando darstellt und entsprechend in den beiden Zweigen des if auch Kommandos stehen sollten. Folgende Code-Zeilen machen also keinen Sinn:

```
if 12 < 10:
    [100+2,1,2]
else:
    120+1
```

Der
if-Ausdruck Wie wir schon in Abschnitt 2.14 gesehen haben, gibt auch einen if-Ausdruck der für einen Wert steht: die Fallunterscheidung der Funktionalen Programmierung. Beispielsweise würde der folgende if-Ausdruck

```
[100+2,1,2] if 12<10 else 120+1
```

für den Wert **121** stehen. Beachten sie, dass ein `if`-Ausdruck immer den `else`-Teil benötigt, ansonsten wäre der Wert undefiniert, falls die Bedingung nicht gelten würde.

Aufgabe 4.3

Was ist der Wert des folgenden Ausdrucks?

```
([100+2,1,2] if 12<10 else 120+1) + 100
```

4.2 Funktionsausdrücke

Es gibt in Python zwei Möglichkeiten Funktionen zu definieren: Einmal über das Schlüsselwort `def` einem anschließenden Funktionsnamen und einer anschließenden Folge von Kommandos, die eventuell mit einem `return`-Kommando abschließen; diese Möglichkeit haben wir bereits in Abschnitt 2.12 kennengelernt. Gibt es kein `return`-Kommando, so liefert die Funktion einfach keinen Wert zurück, ist also ein reines Kommando. Würde man versuchen den Rückgabewert in einer Variablen zu speichern, so würde die Variable den `None`-Wert enthalten.

Funktionsdefinition mit def

Eine zweite Möglichkeit, eine Funktion zu definieren, bietet ein *Funktionsausdruck*: Dieser steht für einen Wert, nämlich eine Funktion. Es mag eigenartig erscheinen, eine Funktion als „Wert" zu betrachten, dies ist in der Funktionalen Programmierung jedoch durchaus üblich; wobei man von Funktionen häufig als *Werte höherer Ordnung* spricht.

Funktion als Ausdruck

Die Syntax eines Funktionsausdrucks lautet:

Syntax

```
lambda <id1>, <id2>, ...: expr
```

Nach dem Schlüsselwort `lambda` folgt also eine durch Kommas separierte Liste von Bezeichnern, die mit einem Doppelpunkt abschließt. Nach diesem Doppelpunkt muss der Ausdruck stehen, der den Wert der Funktion definiert. Wir geben ein erstes Beispiel:

Beispiel

```
>>> f = lambda x,y,z: str(x) + str(y) + 2*str(z)
>>> f(1,2,"blabla")
'12blablablabla'
```

Hier wird also eine Funktion `f` definiert, die drei Parameter übergeben bekommt. Rückgabewert ist die Konkatenation der String-Repräsentationen der drei Parameter; wobei der letzte Parameter zweimal angehängt wird.

> **Aufgabe 4.4**
>
> Definieren Sie obige Funktion `f` alternativ mittels der „klassischen"
> Funktionsdefinition mit dem Schlüsselwort `def`.

> **Aufgabe 4.5**
>
> Gegeben die obige Definition der Funktion `f`. Welche Ausgabe entsteht
> durch Aufruf von:
>
> ```
> f(f,f,f)
> ```

Funktion als Argument

Oben schon wurde erwähnt, dass man Funktionen auch als Werte betrachten kann. Entsprechend ist es möglich, Funktionen als Argumente von Funktionen zu übergeben, wie folgendes Beispiel zeigt:

```
(lambda x,y,z: x(y) + x(z))(int, "123", "1")
```

Wie man an der Verwendung des Parameters `x` im Funktionsausdruck `lambda x,y,z:x(y)+ x(z)` erkennen kann, muss es sich bei `x` um eine Funktion handeln. Diese Funktion erwartet drei Argumente, die ihr im obigen Ausdruck auch übergeben werden, nämlich die Werte `int`, `'123'` und `'1'`. Die formalen Parameter `x,y,z` werden dann einfach durch diese drei Werte ersetzt und es entsteht der Ausdruck `int('123')+ int('1')`, der sich zu **124** auswertet.

> **Aufgabe 4.6**
>
> Für welchen Wert stehen die folgenden Ausdrücke? Versuchen Sie es
> zunächst ohne Zuhilfenahme des Python-Interpreters.
>
> (a) `(lambda x,y,z:x(y,z(y)))(lambda x,y:x+2*y, 10,`
> `        lambda x:x+1)`
> (b) `(lambda x,y,z:y(z)if x else y(z)+1)(12>13, int, "12")`
> (c) `(lambda x,y:x(x(x(y))))(lambda x:x*3, 2)`

Funktionen höherer Ordnung

Funktionen, die ihrerseits Funktionen als Argumente erhalten, werden in der Funktionalen Programmierung häufig verwendet. Solche Funktionen nennt man auch *Funktionen höherer Ordnung*.

Wir werden im folgenden einige für die Funktionale Programmierung typische Funktionen höherer Ordnung kennenlernen, nämlich die `map`-Funktion, die `filter`-Funktion und die `reduce`-Funktion.

4.3 Die `map`- Funktion

Syntax   Die `map`-Funktion hat folgende Syntax:

```
map(function, s_1, s_2, ..., s_n)
```

Hierbei ist `function` eine n-stellige Funktion, und `s_1, ..., s_n` sind Sequenzen. Die `map`-Funktion erzeugt daraus eine Sequenz deren erstes Element dadurch entsteht, dass die ersten Elemente aller Sequenzen mit der Funktion verknüpft werden, deren zweites Element dadurch entsteht, dass alle zweiten Elemente mit der Funktion verknüpft werden, usw.

Lazy Rück-gabewert

Zu beachten ist, dass in Python-2.x der Rückgabewert eine Liste war, jetzt jedoch ein iterierbares `map`-Objekt zurückgeliefert wird, dessen Elemente noch nicht fertig ausgewertet sind; erst durch Iteration werden die einzelnen Elemente ausgewertet. Diese Art der Auswertung nennt man auch *Lazy Evaluation*, also eine „faule" Auswertungsstrategie.

Beispiel

Betrachten wir das folgende Beispiel:

```
>>> m = map(lambda x: x+2, [100,200,300,400])
>>> m
<map at 0x296f59a94e0>
```

Wie man sieht, existiert auch keine sinnvolle String-Repräsentation eines `map`-Objekts. Erst durch Iteration sehen wir die Werte, die sich in dem `map`-Objekt verbergen:

```
>>> for el in m:
    print(el, end="; ")
102; 202; 302; 402;
```

mapL

Dieses Verhalten mag sinnvoll sein, wenn es sich um sehr große Rückgabe-objekte handelt, deren komplette Auswertung eine Belastung für den Hauptspeicher wäre. Didaktisch geschickter ist es in unserem Fall jedoch, wenn wir eine `map`-Funktion haben, die eine Liste zurückliefert. Wir definieren dafür einfach eine Funktion `mapL`, die das tut, folgendermaßen:

```
def mapL(f,*l):
    return list(map(f,*l))
```

Anwendung mit mehreren Listen

Die verwendete Stern-Notation bedeutet, dass sich an dieser Stelle eine ganze Sequenz von Parameter befinden darf, in unserem Fall – wie weiter oben schon erwähnt – ist dies eine beliebig lange Folge von iterierbaren Objekten. Dass die so definierte Funktion `mapL` wie gewünscht funktioniert, ist in folgendem Beispiel zu sehen – hier zeigen wir die Anwendung mit drei Sequenzen und einer dreistelligen Funktion:

```
>>> mapL(lambda x,y,z: x+y-z, [100,200,300,400],
                             [0,50,100,150],
                             [10,20,30,40])
[90, 230, 370, 510]
```

Aufgabe 4.7

Die Python-Funktion `enumerate` nummeriert die Elemente einer Sequenz beginnend mit der Nummer 0 für das erste Element. Ergebnis ist ein iterierbares Objekt aus Tupeln, deren erste Komponente der Index und deren zweite Komponente das entsprechende Element der Sequenz ist. Folgendes Beispiel hierzu:

```
>>> list(enumerate("Hallo"))
[(0, 'H'), (1, 'a'), (2, 'l'), (3, 'l'), (4, 'o')]
```

Programmieren Sie die enumerate-Funktion mit Hilfe der map-Funktion nach. Nennen sie die neue Funktion myEnumerate.

Aufgabe 4.8

Implementieren Sie alleine mit map eine Funktion, die das Skalarprodukt zweier Vektoren (repräsentiert als zwei Listen gleicher Länge) implementiert.

(a) Verwenden Sie zunächst die Mittel der prozeduralen Programmierung dafür.

(b) Verwenden Sie nun Mittel der Funktionalen Programmierung dafür, insbesondere sollten sie die Funktion map und einen Funktionsausdruck (mit dem Schlüsselwort lambda) zur Lösung verwenden.

(c) Verwenden Sie nun die Funktion mul aus dem Modul operator, um eine noch kompaktere Lösung zu implementieren.

Aufgabe 4.9

Verwenden Sie die map-Funktion und die in der letzten Aufgabe implementierte Funktion, die das Skalarprodukt implementiert, um die folgenden Aufgaben zu lösen:

1. Implementieren Sie eine Matrix-×-Vektor-Multiplikation.
2. Implementieren Sie eine Matix-×-Matrix-Multiplikation.

4.3.1 Weitere map-Beispiele aus der Welt der Zeichen

Textmining Viele Konzepte der Funktionalen Programmierung lassen sich gut anhand von Aufgabenstellungen aus dem Umfeld des Textmining darstellen. Wir betrachten hierzu die wichtigsten Funktionen zum Öffnen und Schließen von Dateien und die wichtigsten String-Methoden.

Dateiobjekte und ihre Methoden

Der Ausdruck `open(dateiname)` Liefert ein Dateiobjekt zurück; das Argument `dateiname` ist dabei eine Pfadangabe (relativ oder absolut) in Form eines Strings. Das Dateiobjekt bietet die folgenden Methoden an, die wir im weiteren Verlauf dieses Abschnitts häufiger benötigen:

Datei-Methoden

- `dateiobj.read()`: liest den Inhalt einer Datei aus und liefert einen einzelnen String zurück,
- `dateiobj.readlines()`: liest den Inhalt der Datei zeilenweise aus und liefert eine Liste von Strings zurück,
- `dateiobj.write(s)`: schreibt bzw. überschreibt eine Datei und mit dem String `s`,
- `dateiobj.writelines(l)`: schreibt bzw. überschreibt eines Datei zeilenweise mit der Stringliste `l`.

Wir verwenden im Folgenden – aus Gründen der guten Verfügbarkeit – den in der Datei `Bibel.txt` befindlichen Volltext der Bibel und stimmen die folgenden Beispiele auf diesen Text ab.

Beispieltext

So kann man etwa die ersten 20 Zeichen der Bibel erhalten:

Beispiele

```
>>> b = open("../Bibel.txt").read()
>>> b[:20]
'Am Anfang schuf Gott'
```

So kann man sich etwa die dritte Zeile des Bibeltextes ausgeben lassen:

```
>>> l = open("../Bibel.txt").readlines()
>>> l[2]
'Und Gott sprach Es werde Licht! und es ward Licht.\n'
```

Man beachte die Tatsache, dass die einzelnen Zeilen der Rückgabe der `readlines`-Methode die Newline-Zeichen `'\n'` am Ende immer mit enthalten.

Die wichtigsten String-Methoden

Da wir im Folgenden viele Beispiele mit Strings und Texten betrachten werden, ergänzen wir an dieser Stelle die wichtigen String-Methoden; in Kapitel 2.5 hatten wir ja den Datentyp String (`str`) schon eingeführt und mit ihm einige Methoden. Dies soll hier als Erweiterung betrachtet werden. Die folgende Liste umfasst nicht alle String-Methoden, sondern nur diejenigen, die wir nachfolgend für die Beispiele benötigen.

Mehr String-Methoden

Liste wichtiger String-Methoden

- `str.split()` teilt den String an Wortgrenzen bzw. Whitespace-Zeichen auf und liefert eine Liste von Wörtern zurück,
- `str.splitlines()` teilt einen String in Zeilen auf und liefert eine Liste von Zeilen zurück,

- `str.endswith(s)`, `str.startswith(s)` prüft, ob ein gegebener String mit einer Zeichenkette beginnt, bzw. endet und liefert entsprechend einen Booleschen Wert zurück,
- `str.isdigit()` prüft, ob der String aus Ziffern besteht,
- `str.isalpha()` prüft, ob der String nur aus alphabetischen Zeichen besteht,
- `str.upper()`, `str.lower()` wandelt den String in Großbuchstaben bzw. Kleinbuchstaben um,
- `str.isupper()`, `str.islower()` prüft, ob der String nur aus Klein- bzw. Großbuchstaben besteht,
- `str.count(c)` zählt, wie häufig ein bestimmtes Zeichen im String vorkommt,
- Das Schlüsselwort `in` prüft, ob ein bestimmter String in einem anderen enthalten ist.

Aufgabe* 4.10

Lesen Sie Teile der Datei `Bibel.txt` aus und wenden Sie jede der vorgestellten String-Methoden zu Übungszwecken einmal an.

Weitere Anwendungsbeispiele mit `map`

Für die folgenden Beispiele weisen wir der Variablen `b` den kompletten Text aus der Datei `'Bibel.txt'` als String und der Variablen `l` die Liste aller Zeilen aus der Datei `'Bibel.txt'` zu.

```
>>> b = open("../Bibel.txt").read()
>>> l = open("../Bibel.txt").readlines()
```

Nun können wir einige Anwendungsbeispiele für die Verwendung von `map` bzw. `mapL` angeben:

- Wir können nun `map` verwenden um die Länge der ersten 10 Worte der Bibel zu berechnen:

```
>>> mapL(len , b.split()[:10])
[2, 6, 5, 4, 6, 3, 5, 3, 3, 4]
```

- So können wir die Länge des längsten Wortes aus `b` berechnen.

```
>>> max(mapL(len, b.split()))
34
```

- Und so können wir zählen, wie viele Zeilen das Wort `'Gott'` enthalten.

```
>>> mapL(lambda zeile: "Gott" in zeile ,
        b.splitlines()).count(True)
3861
```

Anstatt die Anzahl der True-Werte mittels `count` zu zählen, verwendet man hier lieber den „Trick" der Summation:

```
>>> sum(mapL(lambda zeile: 1 if "Gott" in zeile else 0 ,
                          b.splitlines()))
3861
```

Dies funktioniert – vielleicht auf den ersten Blick erstaunlicherweise – auch mit Booleschen Werten. Dazu muss man wissen, dass bei arithmetischen Berechnungen der Wert False immer als 0 und der Wert True immer als eine 1 interpretiert wird. Also funktioniert auch der folgende noch einfachere Ausdruck: **Summation Boolescher Werte**

```
>>> sum(mapL(lambda zeile: "Gott" in zeile, b.splitlines()))
3861
```

Aufgabe 4.11

Verwenden Sie eine Kombination aus map, enumerate und den vorgestellten String-Funktionen, um ...

(a) alle Zeilen mit Zeilennummern zu versehen,
(b) die Zeile mit den meisten Wörtern in b zu erhalten,
(c) die Zeile, die die meisten Wörter enthält, die mit einem Vokal beginnen,
(d) die Zeile mit der größten Durchschnittslänge der Wörter zu erhalten.

4.4 Die `filter` - Funktion

Die `filter`-Funktion hat die folgende Syntax: **Syntax**

```
filter(p, s)
```

Das erste Argument p muss ein Prädikat sein, d.h. eine Funktion, die als Ergebnis einen Booleschen Wert zurückliefert. Das zweite Argument ist eine Sequenz. Filter liefert dann alle Elemente in s zurück für die das Prädikat p den Wert True liefert.

Betrachten wir zunächst ein einfaches Beispiel: Wir wollen eine Liste von Zahlen nach durch drei teilbaren Elementen filtern. Dies würden wir mittels `filter` folgendermaßen ausdrücken: **Beispiel und Filterobjekt**

```
>>> filter(lambda x: x%3==0, [1,2,3,4,5,6,7,8,9,10,11,12])
<filter at 0x1b27cdcb0f0>
```

Analog zum Fall von map ist auch dieses `filter`-Objekt eine Sequenz, über die man mit einer for-Schleife laufen kann oder die man in eine andere Sequenz (list oder tuple) umwandeln kann:

```
>>> list(filter(lambda x: x%3==0, [1,2,3,4,5,6,7,8,9,10,11,12]))
[3, 6, 9, 12]
```

Filter liefert also alle Elemente der Sequenz s zurück, für die das Prädikat p den Wert True zurückliefert.

filterL   Wir definieren eine filter-Variante, die immer eine Liste zurückliefert:

```
def filterL(p,s):
    return list(filter(p,s))
```

Aufgabe 4.12

Definieren Sie die obige Funktion filterL ohne Verwendung von def sondern stattdessen mit einem lambda-Ausdruck.

Beispiel
filterL   Nun erhalten wir immer gleich eine Liste zurück, wie etwa in folgendem Beispiel:

```
>>> filterL(lambda x: x<4, range(100000))
[0, 1, 2, 3]
```

Als etwas komplexeres Beispiel betrachten wir den folgenden Ausdruck, der zählt, wie viele Leerzeilen Goethes Faust hat.

```
>>> f = open("Faust_complete.txt", encoding="utf8").read()
>>> len(filterL(lambda zeile: zeile=="", f.splitlines()))
2458
```

Aufgabe 4.13

Lösen Sie die folgenden Aufgaben mit map, filter und String-Methoden.

(a) Geben Sie alle Zeilen in Goethes Faust zurück, die mehr als 14 Wörter haben.
(b) Geben Sie alle Zeilen zurück, die mit einem 'Z' beginnen.
(c) Geben Sie alle Wörter aus Goethes Faust zurück, die weniger als 4 Buchstaben enthalten.
(d) Geben Sie alle Wörter aus Goethes Faust zurück, die mehr als 4 mal 'e' enthalten.
(e) Geben Sie alle Zeilen aus Goethes Faust zurück, die nur Wörter enthalten, die mit kleinen Vokalen beginnen.

4.5 any und all

Funktions-
weise   Sowohl die Funktion any als auch die Funktion all erwarten beide eine Sequenz aus Booleschen Werten. Die Funktion all liefert genau dann True

zurück, wenn alle Werte der Sequenz `True` sind. Die Funktion `any` liefert genau dann `True` zurück, wenn mindestens ein Wert der Sequenz `True` ist.

Es gibt viele Situationen `all` und `any` sinnvoll einzusetzen, beispielsweise dann, wenn man die Antwort auf die Frage haben möchte, ob eine bestimmte Eigenschaft für alle Elemente gilt. Möchte man etwa wissen, ob wirklich jede Zeile mit einem Newline-Zeichen `'\n'` endet, wenn über die Methode `readlines` ausgelesen wird, so liefert der folgende Ausdruck die Antwort:

Beispiel

```
>>> l = open("../Bibel.txt").readlines()
>>> all(mapL(lambda x: x.endswith('\n'), l))
True
```

Aufgabe 4.14

Geben Sie einen Ausdruck an, der prüft, ob es in `Bibel.txt` ein Wort gibt, dessen zweiter Buchstabe ein Großbuchstabe ist.

Aufgabe* 4.15

Ergänzen Sie jeweils die ...-Stellen mit passendem Python-Code, um die folgenden Aufgaben zu lösen:

(a) Verwenden sie die `map`-Funktion, um die `enumerate`-Funktion nachzuprogrammieren; vervollständigen sie dazu den folgenden Code:

```
def myEnumerate(s):
    return map( ... )
```

(b) Sie wollen testen, ob die Liste `l` nur Einträge vom Typ `int` enthält. Ergänzen sie dazu folgenden Code:

```
all(map( ... ))
```

(c) Sie wollen testen, ob das Dictionary `d` einen Schlüssel hat, der sich selbst zugeordnet wird. Ergänzen sie dazu folgenden Code:

```
any(map( ... ))
```

4.6 List-Comprehensions

List Comprehensions sind Ausdrücke, keine Kommandos, und stehen also für einen bestimmten Wert. Man kann List Comprehensions als das funktionale Pendant zur imperativen Schleife betrachten. Sie sind insbesondere für Mathematiker leicht verständlich, denn sie besitzen eine mit der Mengennotation, den *Set Comprehensions* der Mathematik, vergleichbare Notation. Wir betrachten die folgende Set Comprehension:

Set Comprehensions

$$\{\, x^2 \mid x \in N,\ x < 20,\ x \text{ gerade} \,\}$$

Das ist die Menge aller Quadrate natürlicher Zahlen, die kleiner als 20 sind

**Entspre-
chung als
List Compre-
hension**

und die gerade sind. Die folgende Python List Comprehension entspricht
dieser Set Comprehension:

```
>>> [x**2 for x in range(10000) if x<20 and x%2==0]
[0, 4, 16, 36, 64, 100, 144, 196, 256, 324]
```

Syntax   Allgemein hat eine List-Comprehension die folgende Syntax:

```
[ <expr> for <identifier> in <sequenz> [if <boolexpr>]
        [for <identifier> in <sequenz> [if <boolexpr>]]* ]
```

Der Bedingungsausdruck einer if-Klausel hängt im Allgemeinen ab von einer
(oder mehrerer) durch vorangegangene for-Klauseln gebundenen Variablen.
Dieser Bedingungsausdruck filtert all diejenigen Variablen der jeweiligen Sequenz aus, für die er den Wahrheitswert False liefert, oder anders ausge-
drückt: Die jeweilige Variable nimmt nur diejenigen Werte der jeweiligen
Sequenz an, für die der Bedingungsausdruck den Wahrheitswert True ergibt.

**Erzeugung
der Werte**

Der Wert der List Comprehension ist die Liste aller Werte des Ausdrucks
<ausdr> für alle Kombinationen von Werten von <variable1>, <variable2>,
usw. Die folgende Abbildung veranschaulicht, wie sich die Werte einer List
Comprehension mit einer for-Klausel und einer if-Klausel zusammensetzen.

<sequenz1>: [x_0 , x_1 ,   ..., x_n]

                ↓ <ausdr> falls   ↓ <ausdr> falls   ↓ <ausdr> falls

                ↓ <boolexpr>(x_0)?   ↓ <boolexpr>(x_1)?   ↓ <boolexpr>(x_n)?

Wert der List-
Comprehension :   [<expr>(x_0),   <expr>(x_1),   ...,   <expr>(x_n)]

**Immer eine
Liste**

Die Ausdrücke <sequenz1>,<boolexpr> und <expr> beziehen sich hier auf
die entsprechenden Platzhalter, die in obiger Syntaxbeschreibung verwendet
wurden. Wie man sieht, ist der Wert der List Comprehension *immer* eine
Liste, deren Elemente durch Auswertung von <expr> in Abhängigkeit der
einzelnen Elemente der Liste <sequenz1> entstehen.

Beispiele   Im Folgenden führen wir einige Beispiele für List Comprehensions auf:

- Beispiel für eine List-Comprehension ohne den Optionalen if-Teil:

```
>>> [ x-2 for x in [1,2,3,4,5]]
[-1, 0, 1, 2, 3]
```

- Der Ausdruck (Platzhalter <expr>) kann ein beliebiger Ausdruck sein,
  etwa eine Konstante:

```
>>> [ 2 for x in range(10)]
[2, 2, 2, 2, 2, 2, 2, 2, 2, 2]
```

- Der Ausdruck kann zudem auch einen beliebigen Typ haben oder einen
  Funktionsaufruf beinhalten:

```
>>> [len(x) for x in "hallo welt here bin ich".split()]
[5, 4, 4, 3, 3]
```

Aufgabe 4.16

Angenommen wir wollen die in einer Liste enthaltenen Listen sortieren. Was ist falsch an der folgenden Lösung über List Comprehensions? Wie ginge es richtig?

```
[l.sort() for l in [[4,1,2], [4,2,10], [7,4,9]] ]
```

Aufgabe 4.17

Was ist der Wert des folgenden Ausdrucks:

```
[print(i**2) for i in range(10)]
```

- Beispiel mit zwei for-Schleifen in der List-Comprehension:

```
>>> [(x,y) for x in "hallo" for y in [1,2]]
[('h', 1), ('h', 2), ('a', 1), ('a', 2), ('l', 1),
 ('l', 2), ('l', 1), ('l', 2), ('o', 1), ('o', 2)]
```

Hier sieht man schön, wie das Verhalten geschachtelter Schleifen ist: Die innere Schleife – hier ist das der Teil for y in [1,2] – wird für jeden Wert, den die Variable der äußeren Schleife annimmt, komplett durchlaufen.

- Möchte man nicht verschachteln, sondern über zwei Listen „gleichzeitig" laufen, so kann man dafür zip verwenden; diese Funktion erzeugt aus zwei Sequenzen eine Sequenz von Tupeln, wie folgendes Beispiel zeigt:

```
>>> list(zip("Hallo", "Welt!"))
[('H', 'W'), ('a', 'e'), ('l', 'l'), ('l', 't'), ('o', '!')]
```

Dies kann man dann beispielsweise in einer List Comprehension folgendermaßen verwenden:

```
>>> [xy[0]*xy[1] for xy in zip([1,2,3,4],[10,11,12,13])]
[10, 22, 36, 52]
```

Will man über eine Sequenz von Tupeln iterieren, so bietet Python eine spezielle Syntax an, die die erste Komponente des Tupels und die zweite Komponente des Tupels unterschiedlichen Variablen zuweist. Damit kann man die obige List Comprehension etwas eleganter folgendermaßen schreiben:

```
>>> [x*y for x,y in zip([1,2,3,4],[10,11,12,13])]
[10, 22, 36, 52]
```

- Folgendermaßen kann man etwa Zeilen in einem Text 'b' finden, die mit einem 'A' beginnen und mit einem 'a' enden.

```
[ zeile for zeile in b.splitlines()
    if zeile.startswith("A") and zeile.endswith("a")]
```

Aufgabe 4.18

Verwenden Sie List Comprehensions gegebenenfalls zusammen mit anderen in diesem Skript vorgestellten Funktionen, um die folgenden Aufgaben zu lösen:

(a) Finde die Liste der jeweils ersten Worte aller Zeilen in Goethes Faust.
(b) Gibt es Zeilen, die mit einem Kleinbuchstaben anfangen?
(c) Finde die Zeile, mit den meisten Wörtern, die mit Kleinbuchstaben beginnen.

4.6.1 Suche im Dateisystem

Eine schöne Anwendung von List Comprehensions sind Suchen im Dateisystem. Schauen wir uns hierzu die beiden Funktionen os.listdir und os.walk näher an: an:

- os.listdir(p): Mit dieser Funktion kann man sich die Liste der Einträge eines bestimmten Verzeichnisses p ausgeben lassen.
  Beispielsweise liefert die listdir-Funktion die folgende Ausgabe auf mein aktuelles Verzeichnis – die Pfadangabe "." steht dabei wie üblich für das aktuelle Verzeichnis:

```
>>> from os import listdir
>>> listdir(".")
['0_VL1_Prog1_SS19.ipynb',
 '10_VL11_Prog1_OO_Trees.ipynb', ...]
```

- os.walk(p): Diese Funktion durchläuft alle Unterverzeichnisse rekursiv und liefert eine Sequenz aus 3-Tupeln zurück. Die jeweils erste Komponente eines solchen 3-Tupels ist immer der Name des Verzeichnisses, die jeweils zweite Komponente ist eine Liste der Unterverzeichnisse im jeweiligen Verzeichnis und die jeweils dritte Komponente ist die Liste der Datei-Einträge im jeweiligen Verzeichnis.
  Beispielsweise liefert die walk-Funktion die folgende Ausgabe auf das Verzeichnis oberhalb meines aktuellen Verzeichnisses:

```
>>> from os import walk
>>> walk("..")
<generator object walk at 0x000001F89C649780>
```

Auch hier sehen wir wieder die Lazy-Semantik. Diese ist hier durchaus sinnvoll, denn Verzeichnis-Bäume können sehr groß sein und ein Durchlauf durch diese entsprechend zeitaufwändig. Allerdings ist dieses Generator-Objekt iterierbar und wir können es auch innerhalb einer List Comprehension nutzen, wie folgendes Beispiel zeigt:

```
>>> [f for d,ds,fs in walk("..")
          for f in fs if f.endswith(".tex")]
['java.tex', 'java2.tex', 'java3.tex',
 'PII_java_blatt1.tex',
 'PII_java_blatt2.tex', 'PII_java_blatt3.tex',
 'P_II_anhang.tex']
```

Wie oben erwähnt liefert `walk` 3-Tupel zurück, deren einzelne Komponenten wir gleich an die Laufvariablen `d`, `ds` und `fs` binden. Das obige Beispiel zeigt, wie man im Verzeichnisbaum nach allen Dateien suchen kann, die die Endung `.tex` haben. Da `fs` eine Liste von Dateinamen ist, brauchen wir eine zweite geschachtelte Schleife, in der wir dann nach den entsprechenden Namen filtern können.

Aufgabe 4.19

Schreiben Sie Python-Code und verwenden Sie List Comprehensions, um die folgenden Fragen zu beantworten:

(a) Wie viele Dateien mit Endung `.ipynb` gibt es im aktuellen Verzeichnis?

(b) Wie oft kommt das Schlüsselwort `for` in allen Dateien mit Endung `.ipynb` des aktuellen Verzeichnisses vor?

(c) Gleiche Fragestellung wie in der vorherigen Teilaufgabe, außer, dass wir wissen möchten in welchen der Dateien in welcher Zeilennummer die `for`s standen.

(d) Alle Dateien im Verzeichnisbaum unterhalb des aktuellen Verzeichnisses, deren Name mit `.tex` endet und deren Inhalt das Wort `'Informatik'` enthält.

4.7 Die enumerate-Funktion

Immer dann, wenn man sich sowohl für die Indizies der Elemente einer Sequenz als auch für die Elemente selbst interessiert, ist die Funktion `enumerate` interessant. Sie transformiert eine Sequenz aus Einzel-Elementen in eine Sequenz aus 2-Tupeln, die jedes Element mit seinem Index-Wert paart.

Genau wie die anderen Funktionen in diesem Kapitel auch, liefert die Funktion enumerate immer ein nicht ausgewertetes Objekt zurück, arbeitet also lazy. Das folgende Beispiel zeigt das:

```
>>> enumerate("Hello Welt")
<enumerate at 0x1c882cb15c0>
```

Erst dann, wenn man Python dazu „zwingt", die Elemente auszuwerten, wird die Struktur sichtbar:

```
>>> list(enumerate("Hello Welt"))
[(0, 'H'), (1, 'e'), (2, 'l'), (3, 'l'),
 (4, 'o'), (5, ' '), (6, 'W'), (7, 'e'),
 (8, 'l'), (9, 't')]
```

Die Tupel-Struktur bedingt, dass man die spezielle Syntax der for-Schleifen verwenden kann, welche die Komponenten jedes Tupels gleich an entsprechende Variablen bindet. Der folgende Code-Auschnitt zeigt ein Beispiel dafür:

```
>>> for i,c in enumerate("Info"):
        print("Zeichen", c, "hat folgenden Index:", i)
Zeichen I hat folgenden Index: 0
Zeichen n hat folgenden Index: 1
Zeichen f hat folgenden Index: 2
Zeichen o hat folgenden Index: 3
```

Auch in List Comprehensions kann man enumerate verwenden, wenn man etwa nach den Nummern der Zeilen sucht, die bestimmte Eigenschaften haben.

Aufgabe* 4.20

Verwenden sie eine Listcomprehension und die enumerate-Funktion, um die Liste aller Zeilennummern der Datei test.txt auszugeben, die Leerzeilen sind.

4.8 Die reduce-Funktion

reduce in functools Neben der map- und der filter-Funktion, ist die reduce-Funktion eine weitere im Rahmen der Funktionalen Programmierung häufig verwendete Funktion höherer Ordnung. Während in der Python-2.x-Version die reduce-Funktion noch initial verfügbar war, befindet sich diese in den Python-3.x-Versionen in dem Modul functools und muss mittels

```
from functools import reduce
```

in den Namensraum geladen werden.

Funktionsweise Die reduce-Funktion verknüpft die Elemente einer Liste bzw. einer Sequenz nacheinander mit einer zwei-stelligen Funktion.

```
reduce(<function>, <sequence>)
```

Die Verknüpfung erfolgt von links nach rechts. Um die Funktionsweise von
`reduce` zu veranschaulichen gehen wir von folgender Definition einer zweistel-
ligen Funktion aus – das Symbol $\oplus$ ist hierbei Platzhalter für eine beliebige
Verknüpfung der beiden Parameter `x` und `y`:

```
>>> f = lambda x,y: x ⊕ y
```

Dann wertet sich der folgende Ausdruck

```
>>> reduce( f, [x₀, x₁, x₂, ..., xₙ] )
```
aus zu: $(\cdots(((x_0 \oplus x_1) \oplus x_2) \oplus \ldots) \oplus x_n)$

Beispiele

Wir geben im Folgenden einige Beispiele für die Verwendung der `reduce`-
Funktion:

- *Aufsummieren aller ungeraden Zahlen von 1 bis 1000*

  ```
  >>> reduce(lambda x,y: x+y, range(1,1000,2))
  250000
  ```

  Berechnet die Summe $(\cdots((1+3)+5)+\ldots+999)$. Die gleiche Berechnung
  kann man auch mit `sum(range(1,1000,2))` durchführen.

- *Verknüpfen einer Menge von Strings zu einem String, der aus einer Menge von Zeilen besteht*

  ```
  >>> f = lambda x,y: x+'\n'+y
  >>> reduce(f,['Erste Zeile', 'Zweite Zeile', 'Dritte Zeile'])
  ```

  Der +-Operator ist überladen; seine Funktionsweise ist also abhängig vom
  Typ der Operanden. Sind die Operanden Zahlen, so entspricht der +-
  Operator einer Addition; sind die Operanden dagegen Sequenzen, dann
  entspricht der +-Operator einer Konkatenation, also einem Zusammenket-
  ten von Sequenzen. Die Funktion `f` ist so definiert, dass sie zwei Strings
  mit dem Newline-Zeichen `'\n'` als Trenner zusammenkettet. Die `reduce`-
  Funktion verkettet entsprechend alle Strings in der Liste und fügt ein
  `'\n'`-Zeichen zwischen jeweils zwei Strings ein.

- *Umwandeln einer als String repräsentierten Hexadezimal-Zahl in einen
  Python-Integerwert.*

  ```
  >>> hexNum = '12fb3a' ; l = len(hexNum)
  >>> def f(x,y): return x+y
  >>> reduce(f,[ c2h(hexNum[i])*16**(l-i-1) for i in range(l)])
  1243962
  ```

Wir gehen davon aus, dass die in der folgenden Aufgabe durch den Leser
zu definierende Funktion `c2h` eine als Zeichen repräsentierte hexadezimale

Ziffer in den entsprechenden `int`-Wert umwandelt. Die List Comprehension innerhalb der `reduce`-Funktion erzeugt die Liste

$$[1 \cdot 16^5, 2 \cdot 16^4, 15 \cdot 16^3, 11 \cdot 16^2, 3 \cdot 16^1, 10 \cdot 16^0]$$

Diese Werte müssen nur noch aufsummiert werden – dies erledigt die `reduce`-Funktion – und man erhält den Wert

$$\sum_{i=0}^{5} \text{hexNum}_i \cdot 16^{(5-i)}$$
$$= 1 \cdot 16^5 + 2 \cdot 16^4 + 15 \cdot 16^3 + 11 \cdot 16^2 + 3 \cdot 16^1 + 10 \cdot 16^0$$

und dies entspricht genau der Dezimalrepräsentation der als String repräsentierten hexadezimalen Zahl `'12fb3a'`.

- *Umwandeln einer als String repräsentierten Hexadezimal-Zahl in einen Integerwert unter Verwendung des* Horner-Schemas:

  Nehmen wir an es sei eine hexadezimale Zahl $h_0h_1h_2h_3h_4$ gegeben. Will man daraus die entsprechende Dezimalzahl über

  $$h_0 \cdot 16^4 + h_1 \cdot 16^3 + h_2 \cdot 16^2 + h_3 \cdot 16^1 + h_4 \cdot 16^0$$

  berechnen, so ist dies wenig effizient. Der Grund dafür ist, dass zur Berechnung der Potenzen sehr viele Multiplikationen durchgeführt werden müssen, und Multiplikationen sind rechenintensiv. Die gleiche Berechnung kann folgendermaßen mit nur vier Multiplikationen durchgeführt werden:
  $$(((h_0 \cdot 16 + h_1) \cdot 16 + h_2) \cdot 16 + h_3) \cdot 16 + h4$$

  Dieses Berechnungs-Schema ist das sog. *Horner-Schema*. Eine Implementierung kann elegant mit Hilfe der `reduce`-Funktion folgendermaßen erfolgen:

```
>>> hexNum = '12fb3a' ; l = len(hexNum)
>>> def f(x,y): return 16*x + y
>>> reduce(f, [c2h(h) for h in hexNum])
1243962
```

Die List Comprehension `[c2h(h) for h in hexNum]` erzeugt zunächst eine Liste der Integerwerte, die den einzelnen Ziffern in `hexNum` entsprechen – hier wäre das die Liste `[1,2,15,11,3,10]`. Die `reduce`-Funktion verknüpft dann die Elemente der Liste mit der Funktion `f` und verwendet so das Horner-Schema, um die Dezimalrepräsentation der Hexadezimalzahl `'12fb3a'` zu berechnen.

Aufgabe 4.21

Verwenden Sie die `reduce`-Funktion, um ...

(a) die Funktion `max` und `min` nachzuprogrammieren.
(b) die Funktion `split` nachzuprogrammieren.
(c) eine Liste von Tupeln „flachzuklopfen" und in eine einfache Liste umzuwandeln.
Beispiel: Die Liste `[(1,10), ('a','b'), ([1], [2])]` sollte etwa in die Liste `[1,10,'a','b',[1],[2]]` umgewandelt werden.
(d) eine Zahl im 3-er-System in eine Dezimalzahl umzuwandeln; Verwenden Sie das Horner-Schema.

4.9 Weitere Aufgaben

Aufgabe 4.22

Geben Sie einen Python-Ausdruck an, um die Quadrate aller durch 3 teilbaren Zahlen zwischen 1 und 999 zu erhalten; ohne die Verwendung von Kommandos.

Aufgabe 4.23

Für die beiden letzten Teilaufgaben brauchen sie die plot-Funktion der Matplotlib-Bibliothek, die sie wie folgt importieren können:

```
import matplotlib.pyplot as plt
```

Daraufhin können sie die benötigten Plot-Funktionen über `plt.plot` bzw. `plt.bar` ansprechen.

(a) Schreiben Sie eine Pythonfunktion `teiler(n)`, die die Liste aller Teiler einer als Parameter übergebenen Zahl `n` zurückliefert. Verwenden Sie zur Implementierung eines List-Comprehension. Beispielanwendung:

```
>>> teiler(45) >>> [1, 3, 5, 9, 15, 45]
```

(b) Geben Sie – mit Verwendung der eben geschriebenen Funktion `teiler` – einen Python-Ausdruck (kein Kommando!) an, der eine Liste aller Zahlen zwischen 1 und 1000 ermittelt, die genau 8 Teiler besitzen.
(c) Geben Sie – mit Verwendung der eben geschriebenen Funktion `teiler` – einen Python-Ausdruck an, der die Zahl zwischen 1 und 1000 ermittelt, die die meisten Teiler besitzt.

(d) Plotten Sie für jede Zahl zwischen 1 und 10000 (auf der x-Achse) die Anzahl der Teiler (auf der y-Achse).

(e) Betrachten Sie nun die Anzahlen der Teiler jeder Zahlen und zeichnen Sie diese Information in ein Balkendiagramm. Dafür brauchen Sie die Matplotlib-Funktion `bar` und empfehlenswert ist die Verwendung der `Counter`-Klasse aus dem Modul `collections`.

Aufgabe* 4.24

Welchen Wert hat der jeweilige Python-Ausdruck? Überlegen Sie zunächst ohne Hilfe von Python und prüfen dann mithilfe des Pythoninterpreters nach.

(a) `[x+y for x in 'abc'for y in 'de']`
(b) `[0]*2+[1]*2`
(c) `list(range(10))[2:-2]`
(d) `list(range(5))[::-1]`
(e) `'hallon'[:-1]`
(f) `['Hello',2,'World'][0][2]+['Hello',2,'World'][0]`
(g) `[len(x)for x in ['hallo','','welt', '', '!']]`
(h) `[[1,2], [2], []][0][0]`
(i) `'Hallo'[4 if (4 if 4==2 else 3)==3 else 5]`
(j) `'Hallo'+'welt' if str(2-1)==str(1)else 'Welt'`
(k) `[0 if i%3==0 else 1 for i in range(1,15)]`
(l) `(lambda f, x:f(f(x)))(lambda x:x*2, [1,2,3])`

Aufgabe 4.25

Geben sie einen Python-Ausdruck an (keine Kommandos), der ...

(a) ...die Summe der Zahlen von 0 bis 100 berechnet.
(b) ...die Summe aller durch 3 teilbarer Zahlen von 0 bis 100 berechnet.
(c) ...die Liste aller Zahlen von 0 bis 1000 erzeugt, die weder durch 11 noch durch 13 teilbar sind.

Aufgabe 4.26

Verwenden Sie eine List Comprehension, um ...

(a) eine Liste der Längen aller Methodennamen der Klasse `str` zu erzeugen.
(b) die Länge des längsten Methodennamen der Klasse `str` zu berechnen.

(c) den Namen des längsten Methodennamen der Klasse `str` zurückzuliefern.

Aufgabe 4.27

Wir wollen Zufallsexperimente mit einem 6-seitigen Würfel durchführen. Sie können hierzu die Funktion `randint` aus der Bibliothek `random`
verwenden.

(a) Erzeugen Sie mittels einer List Comprehension eine Liste mit 10
    zufälligen Werten zwischen 1 und 6 – um einen 10-maligen Wurf
    mit einem 6-seitigen Würfel zu simulieren.
(b) Schätzen Sie mittels Simulation ab, wie groß die Wahrscheinlichkeit
    ist, dass bei einem 10-maligen Wurf keine 1 fällt?
    Zählen Sie – zur Beantwortung dieser Frage – wie viele 10er-Würfen
    von (vielen, sagen wir:) 100000 10er-Würfen keine 1 enthalten; rea-
    lisieren Sie dies durch eine List Comprehension. (Sie erhalten eine
    Näherung der Wahrscheinlichkeit, wenn Sie die erhaltene Anzahl
    durch 100000 teilen.
(c) Schätzen Sie mittels Simulation ab, wie groß die Wahrscheinlichkeit
    ist, dass bei einem 10-maligen Wurf genau drei mal eine 1 fällt?

Aufgabe 4.28

Verwenden Sie eine List Comprehension, um alle Zeilen der Datei
`test.txt` auszugeben,

(a) ...die mit der Zeichenkette `'Py'` beginnen.
(b) ...die die Zeichenkette `'Python'` enthalten.
(c) ...deren letztes Zeichen ein Kleinbuchstabe ist.
(d) ...die am häufigsten das Zeichen `'a'` enthält.
(e) ...die nur Wörter enthalten, die mit einem Konsonanten beginnen.
(f) ...die mit einem Wort beginnen, das mehr als 15 Zeichen hat.

Aufgabe 4.29

Verwenden Sie eine List Comprehension, um

(a) ...sich die Längen aller Verzeichniseinträge im aktuellen Verzeich-
    nis ausgeben lassen können.
(b) ...sich alle Verzeichniseinträge mit Endung `.txt` aus dem aktuellen
    Verzeichnis ausgeben lassen.
(c) ...sich unter den Dateien des aktuellen Verzeichnisses die Zeile mit
    den meisten Wörtern ausgeben lassen.

(d) ... sich den Dateinamen im aktuellen Verzeichnis ausgeben lassen können, der die meisten Wörter mit mehr als 10 Zeichen enthält.

Aufgabe 4.30

Durchsuchen Sie den gesamten Verzeichnisbaum unter dem aktuellen Verzeichnis nach

(a) ... der Datei mit dem längsten Dateinamen.
(b) ... der Datei mit den meisten `'e'` im Dateinamen.
(c) ... der Datei mit der längsten Zeile.
(d) ... allen Zeilen aller `.tex`-Dateien, die keine Wörter enthalten, die mit einem Konsonanten beginnen.

Aufgabe 4.31

Hier können wir ein bislang ungelöstes mathematisches Problem untersuchen: Die Collatz-Folge. Das jeweils nächste Zahl der Collatz-Folge entsteht dadurch, dass entweder die vorherige Zahl halbiert wird, falls es eine gerade Zahl ist, oder die Zahl „mal drei plus einss" genommen wird, falls es eine ungerade Zahl war. Es scheint so zu sein, dass die Collatz-Folge immer auf die 1 zuläuft und dann im Zyklus $[1,4,2,1,4,2,1,\dots]$ verharrt. Bisher konnte jedoch kein Mathematiker beweisen, dass sich dies für alle Zahlen so verhält.

(a) Schreiben Sie eine Funktion `collatz(i)`, die als Liste die Collatz-Folge einer Zahl `i` zurückliefert sobald die 1 erreicht ist, soll abgebrochen werden. Hierbei ist die Collatz-Folge einer Zahl a_0 definiert als

$$[a_0, a_1, \dots, 1] \text{ mit } a_{n+1} = \begin{cases} 3 \cdot a_n + 1 & \text{falls } a_n \text{ ungerade} \\ a_n/2 & \text{sonst} \end{cases}$$

(b) Schreiben eine Funktion `lenCollatz(n)`, die die Liste der Längen der Collatzfolgen für die Zahlen zwischen 1 und `n` zurückliefert.
(c) Stellen Sie die Längen aller Collatzfolgen bis 100000 grafisch dar.
(d) Schreiben Sie eine Funktion `lenColsFrq(n)`, die die Häufigkeit grafisch darstellt, mit der eine Zahl `i` als Collatzfolgenlänge vorkommt, bei einer Betrachtung der Collatzfolgen für die Zahlen von 1 bis `n`.
(e) Schreiben Sie eine Funktion `lenColFrq(n,h)`, die alle Zahlen zurückliefert, die häufiger als `h`-mal als Collatzfolgenlänge auftaucht, bei einer Betrachtung der Collatzfolgen für die Zahlen von 1 bis `n`.

Aufgabe 4.32

Programmieren Sie mit Hilfe einer List Comprehension eine Funktion `prims(n)`, die die Liste aller Primzahlen bis `n` zurückliefert.

Aufgabe* 4.33

Verwenden Sie zur Programmierung der Funktionen `isReflexive`, `isSymmetric` und `isTransitive` ausschließlich Pythons List Comprehensions und die `all` oder `any`-Funktion.

(a) Schreiben Sie eine Python-Funktion `isReflexive`, die als erstes Argument eine Grundmenge (in Form einer Liste) und als zweites Argument eine Relation über dieser Grundmenge erhält, und testet, ob die gegebene Relation reflexiv ist.
Beispielanwendungen:

```
>> isReflexive([1,2,3],[(1,2),(1,1),(2,2),(2,1),(3,3)])
True
>> isReflexive([1,2,3],[(1,1),(2,2)])
False
```

(b) Schreiben Sie eine Python-Funktion `isSymmetric`, die als erstes Argument wiederum eine Grundmenge (in Form einer Liste) und als zweites Argument eine Relation über dieser Grundmenge erhält und testet, ob die gegebene Relation symmetrisch ist.
Beispielanwendungen:

```
>> isSymmetric([1,2,3],[(1,2),(2,1),(2,2),(1,3),(3,1)])
True
>> isSymmetric([1,2,3],[(1,2),(2,1),(2,2),(1,3)])
False
```

(c) Schreiben Sie eine Python-Funktion `isTransitive`, die als erstes Argument wiederum eine Grundmenge (in Form einer Liste) und als zweites Argument eine Relation über dieser Grundmenge erhält und testet, ob die gegebene Relation transitiv ist.
Beispielanwendungen:

```
>> isTransitive([[1,2,3,4],
[(1,2),(2,1),(2,2),(2,3),(1,3),
(3,1),(1,1),(3,3),(3,2)]
True
>> isTransitive([1,2,3],[(1,2),(2,3)])
False
```

Aufgabe* 4.34

Geben sie einen Python-Ausdruck an (keine Kommandos), der

(a) ...die Summe der Zahlen von 0 bis 100 berechnet.
(b) ...die Summe aller durch 3 teilbarer Zahlen von 0 bis 100 berechnet.
(c) ...die Liste aller Zahlen von 0 bis 100 erzeugt, die weder durch 11 noch durch 13 teilbar sind.
(d) ...berechnet, wie viele Zahlen zwischen 0 und 1000 eine Quersumme haben, die durch 7 teilbar ist.

Aufgabe* 4.35

Geben Sie Python-Code an (nicht mehr als 5 Zeilen; es geht auch in einer Zeile mittels einer List Comprehension), um die folgende „Matrix" (d.h. Liste von Listen) zu erzeugen, die die Zahlen des „Kleinen Einmaleins" enthalten:

```
[[1, 2, 3, 4, 5, 6, 7, 8, 9, 10],
 [2, 4, 6, 8, 10, 12, 14, 16, 18, 20],
 [3, 6, 9, 12, 15, 18, 21, 24, 27, 30],
 [4, 8, 12, 16, 20, 24, 28, 32, 36, 40],
 [5, 10, 15, 20, 25, 30, 35, 40, 45, 50],
 [6, 12, 18, 24, 30, 36, 42, 48, 54, 60],
 [7, 14, 21, 28, 35, 42, 49, 56, 63, 70],
 [8, 16, 24, 32, 40, 48, 56, 64, 72, 80],
 [9, 18, 27, 36, 45, 54, 63, 72, 81, 90],
 [10, 20, 30, 40, 50, 60, 70, 80, 90, 100]]
```

Aufgabe* 4.36

Schreiben Sie einen Python-Einzeiler (d.h. ein Programm, bestehend aus nur einer Programmzeile), um ...

(a) sich die Liste der Längen der Zeilen der Datei `test.txt` ausgeben zu lassen.
(b) die ersten drei Zeilen der Datei `test.txt` ausgeben zu lassen.
(c) die erste Zeile der Datei `test.txt` in rückwärts ausgeben zu lassen.
(d) sich die Liste der Längen des ersten Wortes jeder Zeile aus `test.txt` ausgeben zu lassen.
(e) sich alle Zeilen ausgeben zu lassen, die mit einem `'A'` beginnen.
(f) sich die Zeilen ausgeben zu lassen, die mehr als sechs Wörter enthalten, die mit einem `'A'` beginnen.
(g) Sich alle Dateinamen ausgeben zu lassen, deren Inhalt eine Zeile enthält, die nur Wörter enthält, die mit einem Vokal beginnen.

(h) sich alle Zeilennummern der Datei `test.txt` ausgeben zu lassen, die keine Leerzeichen enthalten.

(i) sich die Zeile in `test.txt` ausgeben zu lassen, die die meisten Vokale enthält.

(j) sich die Zeile in `test.txt` ausgeben zu lassen, die das Wort mit den meisten Vokalen enthält (schwer!!).

(k) sich eine Liste zur erzeugen, die von jeder Zeile der Datei `test.txt` nur jeweils die ersten beiden Zeichen enthält.

(l) sich ausgeben zu lassen, wie viele Wörter es in `test.txt` gibt, die mehr als 10 Zeichen lang sind.

(m) sich alle Dateinamen des aktuellen Verzeichnisses ausgeben zu lassen, deren Namen mit `.py` enden.

(n) sich alle Dateien des aktuellen Verzeichnisses ausgeben zu lassen, deren Namen mehr als 10 Zeichen lang ist und deren Inhalt mehr als 10 Zeilen lang ist.

Aufgabe* 4.37

Verwenden Sie die Python-Funktion `os.walk` in einer List Comprehension, um den Verzeichnisbaum unterhalb des aktuellen Verzeichnisses nach Dateien zu durchsuchen, ...

(a) deren Namen mit `.tex` enden und deren Name die Zeichenkette `'aufg'` enthält.

(b) deren Namen mit `.tex` enden, und die mehr als 100 Zeilen mit weniger als 2 Zeichen enthalten.

(c) deren Namen mit `.tex` enden, und die mehr als 3000 Wörter enthalten, die mit einem Vokal beginnen.

(d) deren Namen mit `.tex` enden und die eine Zeile enthalten, die mehr als 30 Wörter enthält.

(e) Suchen Sie die 10 längsten Wört, die ausschließlich aus alphabetischen Zeichen bestehen, aller Dateien im aktuellen Verzeichnisbaum.

Aufgabe* 4.38

Nehmen sie an, im aktuellen Verzeichnis befinde sich neben anderen Text-Dateien mit der Endung `.txt` auch die die Text-Datei `A.txt`.

Verwenden Sie keine „klassische" `for`-Schleife, sondern eine List Comprehension oder einen einfacheren Python-Ausdruck mit `open`, `len`, `enumerate`, **`readlines`**, **`read`**, `max`, `os.listdir`, Indizierung, Slicing usw, um ...

(a) sich die letzten beiden Zeilen der Datei `A.txt` ausgeben zu lassen.

(b) sich das letzte Wort der dritten Zeile der Datei A.txt ausgeben zu
    lassen.
(c) sich alle Zeilen der Datei A.txt ausgeben zu lassen, die mit einem
    Satzzeichen enden, also einem Zeichen aus ,.!?;.
(d) sich alle Zeilen der Datei A.txt ausgeben zu lassen, die mit einem
    'A' beginnen.
(e) sich alle Zeilen der Datei A.txt ausgeben zu lassen, die mehr als 10
    Zeichen enthalten.
(f) sich die Zeilennummer (Zählung von 0 an) der längsten Zeile aus-
    geben zu lassen.
(g) zu zählen, wie wieviele Wörter der Datei A.txt mehr als 15 Zeichen
    enthalten.
(h) zu zählen, wie viele Zeilen der Datei A.txt mehr als 15 Wörter
    enthalten.
(i) sich die Zeile der Datei A.txt ausgeben zu lassen, die die meisten
    Wörter enthält, die
(j) sich den Namen der .txt-Datei ausgeben zu lassen, die die Zeile
    mit den meisten Vokalen enthält.
(k) sich alle Zeilennummer (Zählung von 0 an) ausgeben zu lassen, die
    Leerzeilen sind.

Aufgabe* 4.39

Welchen Wert haben die folgenden Python-Ausdrücke:

(a) `[1,2,3][:-1]`
(b) `(lambda x,y:2*x +y)(10,20)`
(c) `(lambda x,y:2*x +y)("10","20")`
(d) `4 in {1:2, 3:4, 5:6}`
(e) `'World'[:-1]`
(f) `["World"[-1], "World"[::-1]]`
(g) `mapL(len, "This is deep winter".split())`
(h) `filterL(lambda x:x, [[1,2], [], [4,5], []])`
(i) `filterL(lambda x:x%3==0, range(10))`
(j) `len("Hello World here I am")-`
    `sum(mapL(len, "Hello World here I am".split()))`
(k) `len(\n)`
(l) `len("Hello World".split())`
(m) `[w.endswith('e')for w in 'eine kleine Meise'.split()]`
(n) `[(x,y)for x in range(2)for y in "ab"]`

Kapitel 5
Numpy

Numpy ist das Modul der Wahl, wenn man wissenschaftlich rechnen möchte und wird insbesondere für statistische Auswertungen, für Machine-Learning und allgemein für sehr aufwändige Berechnungen eingesetzt. Auf Numpy setzt unter Anderem auch TensorFlow, pandas, scipy, scikit-learn auf.

Numpy ist sehr performant und nutzt direkt C-Implementierungen.

Es hat sich eingebürgert, Numpy folgendermaßen zu importieren; wir setzen diesen Import für alle folgenden Code-Beispiele voraus.

```
import numpy as np
```

Erfolgt der Import auf diese Weise, so muss vor jedem aus `numpy` importierten Namen ein „`np.`" vorangestellt werden.

5.1 Numpy Arrays: Der Datentyp `ndarray`

Der wichtigste Datentyp in Numpy ist das Numpy-Array oder NDArray. Mit Hilfe des Konstruktors `array` können wir uns ein Numpy-Array einfach erzeugen.

`np.array`

```
>>> a = np.array([4,2,1,7,2,10,1100,35])
>>> a
array([   4,    2,    1,    7,    2,   10, 1100,   35])
```

Man sieht im folgenden Code-Beispiel auch gleich die beiden String-Repräsentationen von NDArrays, die im Python-Interpreter auch anders ausfallen als bei einer `print`-Anweisung:

```
>>> print(a)
[   4    2    1    7    2   10 1100   35]
```

Das Besondere an diesen Arrays – auch im Unterschied zu Listen – ist, dass sie nur Elemente gleichen Typs enthalten dürfen und dass die enthaltenen Elemente in einem zusammenhängenden Speicherbereich liegen. Dies ermöglicht

Eigenschaften

© Der/die Autor(en), exklusiv lizenziert an
Springer-Verlag GmbH, DE, ein Teil von Springer Nature 2024
T. Häberlein, *Programmieren mit Python*,
https://doi.org/10.1007/978-3-662-68678-2_5

Pointer-Arithmetik und die Form eines Arrays (Anzahl Dimensionen, Größe Dimensionen usw.) kann einfach geändert werden, viele Prozessor-nahe Operationen zur Manipulation von Arrays können verwendet werden, und der Umgang mit diesen Arrays ist entsprechend sehr effizient.

Betrachten wir den Python-Typ von `a`:

```
>>> type(a)
numpy.ndarray
```

Dieser Typ enthält aber noch nicht alle Typinformationen über das Array `a`, denn Arrays haben immer einen festgelegten Inhaltstyp, den wir über das Attribut `dtype` abrufen können. In diesem Fall sehen wir, dass der Typ der Elemente von `a` vom Numpy-internen Typ `int32` ist:

```
>>> a.dtype
dtype('int32')
```

dtype   Es ist nicht möglich ein `ndarray` zu erzeugen, das Elemente unterschiedlichen Typs enthält, wie folgendes Beispiel zeigt:

```
>>> b = np.array([1,2,3.1, "a"])
>>> b.dtype
dtype('<U32')
>>> np.array([1,2,3,4,4.1]).dtype
dtype('float64')
```

Numpy verwendet automatisch den allgemeinsten `dtype`; im ersten Beispiel ist das ein String-Typ, im zweiten Beispiel wäre dies ein Float-Typ.

5.2 Vektorisierung

Arrays   Neben den im letzten Abschnitt beschriebenen Unterschieden „under the hood" ist der sichtbarste Unterschied zwischen Listen und NDArrays jedoch die Verknüpfung mit arithmetischen Funktionen. Das Verhalten von NDArrays nennt man auch *vektorisiert*. Was das bedeutet, erläutern wir zunächst an folgendem Beispiel:

```
>>> a = np.array([4,2,1,7,2,10,1100,35])
>>> a + 1
array([ 5,    3,    2,    8,    3,   11, 1101,   36])
```

Wir sehen, dass die Operation + 1 elementweise auf das Array angewandt wurde, vergleichbar mit dem Effekt der Anwendung der `map`-Funktion mit `lambda x:x+1` als Funktionsargument. Dieses elementweise Verhalten gilt für nahzu alle arithmetischen Funktionen, insbesondere für -, *, **, /, usw.

```
>>> 1 / a
array([ 2.50000000e-01, 5.00000000e-01, 1.00000000e+00,
        1.42857143e-01, 5.00000000e-01, 1.00000000e-01,
        9.09090909e-04, 2.85714286e-02])
```

Diese Vektorisierung funktioniert nicht nur mit skalaren Werten, sondern auch mit anderen Vektoren.

```
>>> b = np.array([1,2,3,4])
>>> c = np.array([10,11,12,20])
>>> b + c
array([11, 13, 15, 24])
```

Auch alle Vergleichsoperatoren zeigen dieses Verhalten; Vergleichsoperatoren liefern also keinen einzelnen Booleschen Wert zurück, sondern einen Vektor von Werten, wie folgendes Beispiel zeigt:

Vergleichs-Ops

```
>>> b == 2
array([False, True, False, False], dtype=bool)
```

Die logische Verknüpfung in Numpy ist nicht and oder or. Diese sind fest in die Python-Syntax eingebaut und nicht durch Überladung zu definieren. Will man vektorisierte Boolesche Werte Und- oder Oder-verknüpfen, muss man & und | verwenden, wie in folgendem Beispiel gezeigt:

```
>>> (b == 2) | (b == 3)
array([False, True, True, False], dtype=bool)
```

Aufgabe 5.1

Verwenden Sie Numpy-Funktionen und keine Schleifen, um die folgenden Aufgaben zu lösen:

(a) Erzeugen Sie ein Array, das alle Quadrate der Zahlen von 0 bis 100 enthält.

(b) Erzeugen Sie ein Array, das alle Zahlen von 0 bis 1000 enthält, die nicht durch 11 und nicht durch 13 teilbar sind.

(c) Erzeugen Sie ein Array der Länge 100, das an allen gerade Indexpositionen Nullen und an allen ungeraden Indexpositionen Einsen enthält.

Aufgabe 5.2

Verwenden Sie Numpy-Funktionen und keine Schleifen, um die folgenden Aufgaben zu lösen:
Berechnen Sie die Summe der Kehrwerte der quadrierten Zahlen 1 bis
n. Multiplizieren Sie die Summe mit 6 und ziehen Sie aus dem Ergebnis
die Quadratwurzel.

Verwenden Sie als Wert für n nacheinander die Zahlen $10, 100, 1000, 10000$
und 100000. Was beobachten Sie?

Indizes   Es kommt auch häufiger vor, dass man den Index bzw. die Indizes von
Elementen wissen möchte, für die bestimmte Eigenschaften gelten. Dafür
kann man die Funktion `np.argwhere` verwenden; diese Funktion liefert die
Indizies derjenigen Element zurück, die von Null verschieden sind. Folgendes
Beispiel zeigt eine Anwendung:

```
>>> a = np.array([32, 77, 27, 28, 49, 5, 41, 69, 57,
          87, 31, 26, 34, 55, 17, 71, 21, 98,
          1, 16])
>>> np.argwhere(a<20)
array([[ 5], [14], [18], [19]], dtype=int64)
```

Am Typ der Rückgabe kann man schon erahnen, dass `np.argwhere` für beliebig dimensionale Arrays entworfen ist. Jeder Eintrag des Rückgabe-Arrays
ist wiederum ein Array, das – für n-dimensionale Arrays – genau **n** Elemente
enthält. Betrachten wir als Beispiel das Verhalten von `np.argwhere` für eine
zweidimensionale Matrix:

```
>>> a2 = a.reshape(5,4)
>>> a2
array([[32, 77, 27, 28],
       [49, 5, 41, 69],
       [57, 87, 31, 26],
       [34, 55, 17, 71],
       [21, 98, 1, 16]])
>>> np.argwhere(a2<30)
array([[0, 2], [0, 3], [1, 1], [2, 3], [3, 2],
       [4, 0], [4, 2], [4, 3]], dtype=int64)
```

Die Rückgabe besteht nun wiederum aus einem Array der Koordinaten all
derjenigen Werte in `a2`, die kleiner als 30 sind.

Aufgabe 5.3

Es sei a ein numerisches NDArray, das eine größtenteils absteigende Sequenz enthält. Bestimmen Sie mittels eines Numpy-Ausdrucks die Stellen in a, die eine Ausnahme hiervon darstellen, d.h. die Stellen, an der
die Sequenz nicht rein absteigend ist.

5.2.1 Vektorisierte Funktionsauswertung und Plotting

Wollen wir Funktionen zeichnen, so bietet es sich an, vektorisierte Opera- **Rastern**
tionen zu verwenden und den Urbildbereich zu „rastern". Betrachten wir
beispielsweise die Sinus-Funktion auf dem Urbildbereich $-2\pi \leq x \leq 2\pi$.
Zunächst erzeugen wir ein NDArray, das diesen Urbildbereich abdeckt:

```
x = np.linspace(-2*np.pi, 2*np.pi, 1000)
```

Die Numpy-Funktion `linspace` erzeugt eine Folge von 1000 äquidistanten
Werten im Bereich zwischen -2π und 2π. Durch die Vektorisierung aller
arithmetischen Operationen ist es jetzt möglich in einer Zeile für jeden Wert
in x den Funktionswert zu berechnen.

Die Funktion `plot` aus der Bibliothek Matplotlib zeichnet einen Punkt **plt.plot**
an der Stelle (x_i, y_i) für jedes Paar aus den Vektoren $[x_0, x_1, \ldots, x_n]$ und
$[y_0, y_1, \ldots, y_n]$.

```
plt.plot(x,np.sin(x))
```

Das `plot`-Kommando erzeugt dann die folgende Grafik:

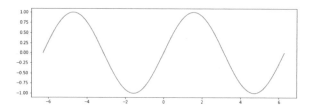

Aufgabe* 5.4

Zeichnen Sie den Graphen der Funktion

(a) $f(x) = x^2$
(b) $g(x) = 3x^3 - 2x^2 - 10$

5.3 Fehlende Werte: `np.nan`

Numpy hat einen konsistenten Mechanismus, mit fehlenden Werten umzu- **Fehlende**
gehen. Der spezielle Wert `np.nan` zeigt einen solchen Wert an. Dieser darf **Werte**
in NDArrays mit dtype `float` auftauchen, nicht jedoch in NDArrays anderer Typen. Folgendermaßen können wir beispielsweise ein NDArray erzeugen,
das zwei fehlende Einträge aufweist:

```
x = np.array([np.nan, 2, 3, np.nan, 10])
```

Will man wissen, wie viele Werte in einem Array fehlen, so gilt es einige Besonderheiten des Wertes `np.nan` zu beachten:

```
>>> (x==np.nan).sum()
0
```

Wir würden vielleicht erwarten, dass das Ergebnis 2 ist; jedoch ist ein Vergleich über den ==-Operator nicht das richtige Mittel, um prüfen, ob ein Wert fehlt. Hierfür sollte man immer die spezielle Test-Funktion `np.isnan(x)` verwenden. So entsteht auch das erwartete Ergebnis:

```
>>> np.isnan(x)
array([ True, False, False, True, False], dtype=bool)
>>> np.isnan(x).sum()
2
```

Auch arithmetische Operationen zeigen ein spezielles Verhalten, wenn ein Operand `np.nan` ist; dann ist das Ergebnis immer `np.nan`. Das hat auch Auswirkungen auf nahezu alle statistischen Funktionen, die immer **nan** als Ergebnis haben, sobald das NDArray mind. einen nan-Wert enthält.

```
>>> np.sum(x), np.max(x), np.mean(x)
(nan, nan, nan)
```

Da der Fall häufig vorkommt, dass man bei der Berechnung statistischer Funktionen die fehlenden Werte außen vor halten möchte, um sinnvolle Ergebnisse zu erhalten, bieten die meisten statistischen Funktionen eine passende Variante an, deren Namen ein **nan** vorangestellt ist.

```
>>> np.nansum(x), np.nanmax(x), np.nanmean(x)
(15.0, 10.0, 5.0)
```

Aufgabe 5.5

Implementieren Sie die drei gerade vorgestellten Funktionen `np.nansum`, `np.nanmax` und `np.nanmean` „von Hand" selbst unter Verwendung geeigneter Indizierung und der Funktion `np.isnan`.

5.4 Indizierung

NDArrays bieten die gleichen Indizierungsarten wie Python-Listen an, und noch zwei wichtige Indizierungsarten mehr, die häufig in Numpy verwendet werden. Betrachten wir dazu das Beispiel-Array von oben, also:

```
>>> a
array([ 4, 2, 1, 7, 2, 10, 1100, 35])
```

Wir zählen im Folgenden alle Indizierungsarten auf, beginnend mit denjenigen, die Arrays mit Python-Listen gemeinsam haben:

5.4.1 Indizierung mit Skalaren Werten

Die Indizierung mit einer einzelnen Zahl liefert das einzelne Element an der entsprechenden Indexposition:

```
>>> a[1]
2
```

5.4.2 Bereichsindizierung

Auch diese Indizierungsarten funktionieren analog zu Python-Listen. Hier also einige Beispiele dieser bereits bekannten Indizierungsart auf NDArrays.

- Indizierung der ersten beiden Elemente:

  ```
  >>> a[:2]
  array([4, 2])
  ```

- Indizierung der letzten beiden Elemente:

  ```
  >>> a[-2:]
  array([1100, 35])
  ```

- Umdrehen des Arrays via Indizierung:

  ```
  >>> a[::-1]
  array([ 35, 1100, 10,   2,   7,   1,   2,   4])
  ```

5.4.3 Indizierung mit einer Sequenz

Anders als Listen können NDArrays durch eine Sequenz indiziert werden. Die Sequenz enthält eine Folge von Indizes, die in einem neuen NDArray gesammelt werden. Folgendes Beispiel zeigt die Flexibilität dieser Indizierungsart:

```
>>> a[ [0,0,1,1,0,0,0,0,5] ]
array([ 4, 4, 2, 2, 4, 4, 4, 4, 10])
```

5.4.4 Indizierung mit Booleschem Array

Bei dieser Indizierungsart steht im Index ein Boolesches Array, das die gleiche Länge besitzen muss, wie das zu indizierende Array. In einem neuen Array zurückgegeben werden nur diejenigen Elemente, an deren entsprechender Indexposition ein True-Wert steht:

```
>>> b
array([10, 2, 27, 81, 99])
>>> b[ np.array([False, True, False, True, True]) ]
array([ 2, 81, 99])
```

Vergleiche als Index

Wie nützlich diese Indizierungsart ist wird einem schnell klar, wenn man sich vor Augen hält, dass im Index natürlich auch ein vektorisierter Boolescher Ausdruck stehen kann:

```
>>> a[a>=10]
array([ 10, 1100, 35])
```

Der Ausdruck a>=10 ist ein Boolesches Array dessen Einträge genau dann True sind, wenn an der entsprechenden Stelle im Array a ein Wert größer oder gleich 10 steht. So können also alle Elemente eines Arrays mit bestimmten Eigenschaften gefiltert werden. Diese Indizierungsart ist also vergleichbar mit dem Effekt der filter-Funktion; allerdings ist sie effizienter.

np.arange

Für die folgenden Aufgaben benötigen wir die Numpy-Funktion **arange**, die eine Folge von Zahlen in Form eines Numpy-Arrays erzeugt und die insbesondere keine Python-Iteration zur Erzeugung der Zahlenfolgen verwendet – das verspricht mehr Effizienz. Diese Funktion hat folgendes Schema

```
np.arange(start, end, step)
```

Dieser Ausdruck steht für eine Folge von Zahlen zwischen **start** und **ende** mit einer Schrittweite von **step**. Folgendes Beispiel zeigt die Erzeugung aller geraden Zahlen zwischen 10 und 20:

```
>>> np.arange(10,20,2)
array([10, 12, 14, 16, 18])
```

Wie man sieht, ist die rechte Grenze nicht mit inbegriffen. Folgendes Beispiel zeigt, dass es mit **arange** auch möglich ist, Gleitpunktzahlen zu erzeugen:

```
>>> np.arange(10.1, 12.5, 0.3)
array([ 10.1, 10.4, 10.7, 11. , 11.3, 11.6, 11.9, 12.2, 12.5])
```

Man beachte dabei das geänderte Verhalten bzgl. der rechten Grenze.

Aufgabe 5.6

Wir betrachten die folgenden beiden Möglichkeiten, ein Numpy-Array zu erzeugen, das die Zahlen von 0 bis 100000 enthält.

- a1 = np.array(range(10**5))
- a2 = np.arange(10**5)

Beantworten Sie dazu die folgenden Fragen:

(a) Welche der beiden Varianten ist wie viel mal schneller als die andere Variante?

(b) Erklären Sie die riesigen Geschwindigkeitsvorteil der einen Variante gegenüber der anderen.

Aufgabe 5.7

Lösen sie die folgende Aufgaben jeweils einmal mit der `filter`-Funktion auf Listen und einmal rein mit Numpy, insbesondere ohne eine (evtl. auch versteckte) Python-Iteration.

(a) Erzeugen Sie alle Zahlen zwischen 0 und 100000, die entweder mit einer 3 enden oder durch 3 teilbar sind.
(b) Erzeugen Sie alle Zahlen zwischen 0 und 100000, deren um 3 verminderte Quadrate durch 7 teilbar sind.

Aufgabe 5.8

Wie viele Zahlen zwischen 1 und 10000 sind weder durch 13 noch durch 17 noch durch 3 teilbar? Lösen sie diese Aufgabe in Numpy.

Aufgabe* 5.9

Gegeben sei das folgende 10-elementige numpy-Array:

```
>>> a = randint(1,100, 10)
>>> a
array([87, 69, 42, 29, 24, 57, 55, 44, 15, 10])
  Geben Sie den Wert der folgenden Ausdrcke an:
```

(a) `a[:3]`
(b) `a[::-1][:3]`
(c) `a[[0,1,0]]`
(d) `a[:5]<50`
(e) `a[a<30]`
(f) `a==a`
(g) `a.reshape((5,2))`

5.5 Zuweisungen

Die Größe von Arrays wird einmal bei der Definition festgelegt und ist nicht mehr veränderlich; auch das ist ein Unterschied zu Listen, deren Größe veränderlich ist. Jedoch kann man einzelne Einträge in einem Array durch eine Kombination aus Zuweisungen in Indizierung verändern.

Größe eines Arrays

Einzelne Elemente kann man beispielsweise so setzen:

```
>>> a[0] = 3
>>> a
array([   3,    2,    1,    7,    2,   10, 1100,   35])
```

Passt der Typ des neuen Wertes nicht, so wird automatisch auf den `dtype` des Arrays gecastet.

```
>>> a[0] = 3.14159
>>> a
array([   3,    2,    1,    7,    2,   10, 1100,   35])
```

Zuweisung über Slices   Zuweisungen funktionieren auch über ganze Slices; diese Slices können (wie in vorigem Abschnitt detailliert beschrieben) entweder im Stil von Python-Listen erfolgen, oder über Sequenzen oder Boolesche Arrays, wie in folgendem Beispiel gezeigt.

```
>>> a[a>10] = 0
array([ 4, 2, 1, 7, 2, 10, 0, 0])
```

Aufgabe 5.10

Programmieren Sie das Sieb des Erathostenes; Nutzen Sie dafür Zuweisungen auf Slices in passende Indizierung, um die Implementierung möglichst effizient zu halten.

5.6 Kummulative Operationen

Hier wollen wir einige der wichtigsten Funktionen betrachten, die eine Kennzahl aus mehreren Werten berechnen, die also ein Array aus Werten auf einen einzelnen Wert abbilden.

Legen wir in das Array `a` die folgenden Werte:

```
a = np.array([49, 66, 41, 13, 12, 91, 60, 12, 16, 56])
```

und verwenden dieses Array für die folgenden Beispiele mit kummulativen Funktionen:

- `np.sum`: Bildet die Summe der Werte eines Arrays.

  ```
  >>> a.sum()
  416
  ```

- `np.mean`: Bildet den Mittelwert der numerischen Werte eines Arrays (man sieht im folgenden Beispiel die Rundungsproblematik):

  ```
  >>> a.mean()
  41.600000000000001
  ```

Man kann auch den prozentualen Anteil der Werte mit einer bestimmten Eigenschaft durch Verwendung von `np.mean` berechnen:

```
>>> (a<15).mean()
0.29999999999999999
```

Es sind also ca. 30 % der Werte im Array a kleiner als 15.

- `np.max` und `np.min`:
  Liefert den maximalen bzw. den minimalen Wert in einem Array zurück.

- `np.argmax` und `np.argmin`:
  Liefert den Index des maximalen bzw. des minimalen Elements in einem Array zurück.

- `np.std` und `np.var`:
  Berechnet die Standardabweichung bzw. die Varianz der Werte in einem Array.

Aufgabe* 5.11

Gegeben sei ein NDArray a, das Ganzzahlwerte enthält. Geben Sie einen Numpy-Ausdruck an, der den Wert kleiner 100 aus a zurückliefert, der am nächsten bei der 100 liegt.

5.7 Matrizen

Bisher haben wir lediglich eindimensionale Vektoren betrachtet. NDArrays haben ein Attribut `ndim`, das die Anzahl der Dimensionen angibt:

`ndim`

```
>>> a.ndim
1
```

Arrays können aber beliebige Dimensionen haben. Es gibt mehrere Möglichkeiten, ein Array zu definieren, das mehr als eine Dimension hat. Beispielsweise kann das dadurch geschehen, dass man dem Konstruktor `np.array` eine verschachtelte Sequenz übergibt:

2-d-Arrays

```
>>> m = np.array([[1,2,3], [3,10,11], [3,3,3], [100,12,5]])
>>> m
array([[  1,   2,   3],
       [  3,  10,  11],
       [  3,   3,   3],
       [100,  12,   5]])
```

Dieses Objekt hat nun also zwei Dimensionen:

```
>>> m.ndim
2
```

np.reshape   Man kann die Dimension eines Array auch einfach ändern durch die
reshape-Methode. So kann man beispielsweise zunächst ein „flaches" Array
definieren, und dieses dann über reshape zu einer beliebig-dimensionalen
Matrix machen:

```
>>> from numpy.random import randint
>>> a = randint(0,100,20)
>>> a.reshape(4,5)
array([[62, 10, 46, 38, 45],
       [92, 65, 58, 42, 43],
       [26, 71, 18, 91, 48],
       [81, 34, 73, 56,  8]])
```

... oder in eine dreidimensionale Matrix:

```
>>> a_3d = a.reshape(2,2,5)
>>> print(a_3d)
[[[62 10 46 38 45]
  [92 65 58 42 43]]

 [[26 71 18 91 48]
  [81 34 73 56  8]]]
```

shape   Die Größe der jeweiligen Dimension erhält man über das shape-Attribut:

```
>>> a_3d.shape
(2, 2, 5)
```

Transpositi-   Eine in der linearen Algebra häufig durchgeführte Operation ist die Trans-
on   position einer Matrix, die einfach über das Attribut T verfügbar ist. Trans-
position bewirkt die Taschung von Zeilen und Spalten. Entsprechend gilt:

```
>>> a_3d.T.shape
(5, 2, 2)
```

5.7.1 Indizierung von Matrizen

Indizierung   Speziell für Matrizen gibt es eine weitere Indizierungsart; hier besteht die
jeder   Indizierung aus zwei durch ein Komma getrennten Teilen. Der erste Teil in-
Dimension   diziert die Zeilen, der zweite Teil indiziert die Spalten.

Beide Teile können mit den für NDArrays verfügbaren Indizierungsarten
arbeiten.

Für Beispiele erzeugen wir uns eine Matrix:

```
>>> m = randint(0,100,35).reshape(5,7)
>>> m
array([[28, 57, 73, 98,  4, 91, 25],
       [72, 37, 68, 71, 12, 33, 61],
```

```
      [69, 98,  6, 98, 10, 22, 82],
      [38, 80,  3, 72,  9, 60, 15],
      [66,  7, 61, 65, 63, 75, 48]])
```

Beispielsweise können wir nun folgende Teile einer Matrix selektieren: **Beispiele**

- Selektion eines einzelnen Elements, in diesem Fall von der dritten Zeile das vierte Element:

  ```
  m[3,4]
  ```

- Selektion von den ersten beiden Zeilen die letzte Spalte:

  ```
  m[:2, -1]
  ```

- Selektion zweimal der nullten Zeile und davon die ersten drei Elemente:

  ```
  m[[0,0], :3]
  ```

- Selektion aller Zeilen, deren letzter Eintrag kleiner als 50 ist:

  ```
  >>> m[m[:,-1]<50,:]
  array([[28, 57, 73, 98,  4, 91, 25],
         [38, 80,  3, 72,  9, 60, 15],
         [66,  7, 61, 65, 63, 75, 48]])
  ```

Man beachte, dass der Teil-Ausdruck `m[:-1]<50` ein Boolesches Array darstellt, das wir dazu verwenden die Zeilen auszuwählen; diese Indizierungsart ist also die Indizierung mit Booleschen Arrays.

Aufgabe 5.12

Wir nehmen an, a enthalte ein 2-dimensionales Array. Verwenden Sie Numpy-Indizierung, um einen Ausdruck anzugeben, der

(a) ...alle Zeilen wählt, deren letzter Eintrag kleiner 10 ist.
(b) ...jede zweite Zeile und jede zweite Spalte wählt.
(c) ...eine Matrix zurückliefert, deren Zeilen umgedreht sind.

5.8 Anwendung einer Funktion entlang von Achsen

Häufig möchte man eine Funktion zeilenweise oder spaltenweise anwenden. Als Beispiel betrachten wir die folgende Matrix:

```
>>> m = np.arange(0,100,2).reshape(5,10)
>>> m = m**2 - 8*m - 10
>>> m
array([[ -10,  -22,  -26,  -22,  -10,   10,   38,   74,  118,  170],
       [ 230,  298,  374,  458,  550,  650,  758,  874,  998, 1130],
       [1270, 1418, 1574, 1738, 1910, 2090, 2278, 2474, 2678, 2890],
       [3110, 3338, 3574, 3818, 4070, 4330, 4598, 4874, 5158, 5450],
       [5750, 6058, 6374, 6698, 7030, 7370, 7718, 8074, 8438, 8810]])
```

Folgendermaßen können wir nun eine Funktion „entlang" von Zeilen ausführen:

```
>>> np.apply_along_axis(np.max,0,m)
array([80, 82, 84, 86, 88, 90, 92, 94, 96, 98])
```

Angabe der Achse   Das zweite Argument der Funktion `apply_along_axis` spezifiziert die Achse; der Index 0 steht hierbei für Zeilen, der Index 1 für die Spalten. Bei diesem Aufruf werden die Argumente für die Funktion `np.max` also aufgesammelt, indem über die Zeilen gelaufen wird; dies wird für jede Spalte gemacht und die Länge des Ergebnisses entspricht somit der Anzahl der Spalten. Die als zweites Argument übergebene Achsennummer spezifiziert gewissermaßen über welche Achse die innere Schleife bei der Erzeugung des Ergebnisses laufen muss.

Funktionsargument   Die als erstes Argument übergebene Funktion muss also immer eindimensionale Arrays als Argument erwarten. Der Ausgabewert kann ein Skalar sein, aber auch Arrays sind denkbar.

```
>>> np.apply_along_axis(lambda a: np.array([a.max(), a.min()]), 0, m)
array([[5750, 6058, 6374, 6698, 7030, 7370, 7718, 8074, 8438, 8810],
       [ -10,  -22,  -26,  -22,  -10,   10,   38,   74,  118,  170]])
```

Aufgabe 5.13

Filtern Sie diejenigen Spalten der Matrix m mit einem Durchschnittswert von weniger als 3000.

Aufgabe 5.14

Nutzen Sie Numpy um Zufallsexperimente mit einem 6-seitigen Würfel durchzuführen. Verwenden Sie zur Lösung der Aufgaben keine Schleifen und keine Listenkomprehensionen, da dies den Effizenzvorteil von Numpy nicht nutzen würde.

(a) Erzeugen Sie ein Numpy-Array mit 10 zufälligen Werten zwischen 1 und 6, um einen 10-maligen Wurf mit einem 6-seitigen Würfel zu simulieren.

(b) Schätzen Sie mittels Simulation ab, wie groß die Wahrscheinlichkeit ist, dass bei einem 10-maligen Wurf keine 1 fällt.
Zählen Sie – zur Beantwortung dieser Frage – wieviele 10er-Würfe von (sagen wir: 10^5) 10er-Würfen keine 1 enthalten.

(c) Schätzen Sie mittels Simulation ab, wie groß die Wahrscheinlichkeit ist, dass bei einem 10-maligen Wurf genau drei mal eine 1 fällt?

(d) Vergleichen Sie die Laufzeit dieser Numpy-Simulation mit der Laufzeit der im letzten Übungsblatt programmierten Simulation.

> Hinweis: Sie benötigen die Funktion `np.apply_along_axis`, um eine
> Funktion auf jede Spalte / jede Zeile einer Matrix anzuwenden.

5.9 Broadcasting

Wir haben bisher gesehen, dass man gleichdimensionierte Arrays arithmetisch
verknüpfen kann; die Verknüpfung erfolgt elementweise.

```
>>> np.array([[0,1], [10,11], [100,101]]) *
    np.array([[1,2], [2,3], [3,4]])
array([[  0,   2],
       [ 20,  33],
       [300, 404]])
```

Es ist jedoch auch möglich, Arrays zu verknüpfen, die unterschiedliche **Was ist**
Formen haben. Unter *Broadcasting* versteht man die Regeln, wann und wie **Broadcasting?**
eine solche Verknüpfung möglich ist. Eine Verknüpfung der folgenden beiden
Arrays a und b ist etwa möglich, obwohl sich ihre Shapes unterscheiden.

```
>>> a = np.array([0,1,2])
>>> b = np.array([[0,0,0], [1,1,1], [2,2,2]])
>>> a+b
array([[0, 1, 2],
       [1, 2, 3],
       [2, 3, 4]])
```

In diesem Fall wurde das Array a mit Shape `(3,)` – zumindest gedacht – **Stretching**
dreimal vervielfältigt, um ein Shape `(3,3)` zu erhalten, das auf b passt. Das
gleiche gilt prinzipiell auch, wenn wir einen skalaren Wert mit einem Array
verknüpfen, auch hier kann man sich den skalaren Wert gedacht vervielfältigt
vorstellen, so dass die Shapes während der Verknüpfung zueinander passen.
Dieses Prinzip der Vervielfältigung nennt man *Stretching*.

Neben dem Stretching prüft Numpy die Shapes zweier Arrays folgender- **Broadcasting-**
maßen, um zu prüfen, ob ein Broadcasting möglich ist: Zunächst werden die **Verfahren**
Shape-Werte von links nach rechts verglichen. Wenn die Shape-Werte an den
entsprechenden Positionen gleich sind, dann passt es. Falls nicht, so wird geprüft, ob einer der Shape-Werte 1 beträgt; in diesem Fall wird auf die höhere
Dimension gestrecht.

Betrachten wir als Beispiel das Array c mit Shape `(3,1,2)` und das Array **Beispiele**
d mit Shape `(3,3,1)`. Eine Arithmetische Verknüpfung ist möglich und das
Ergebnis hätte den Shape `(3,3,2)`. Hier ein dazu passendes Beispiel:

```
>>> c = np.ones((3,1,2))
>>> c1 = np.array([0,1,0,1,0,1]).reshape((3,1,2))
>>> c = c + c1
>>> d = np.arange(9).reshape((3,3,1))
>>> c.shape, d.shape, (c+d).shape
```

Die Formen und Inhalte der Arrays c, d und c+d sind in folgender Abbildung veranschaulicht. Wie man sieht, ist die erste Dimension die Zeilen, die zweite Dimension die Spalten und die dritte Dimension versetzt in der „Tiefe" dargestellt:

c =	d =	c+d =

Aufgabe 5.15

Erzeugen Sie eine 4×1×2-Matrix und eine 1×3×2-Matrix aus zwei NDArrays, die aufeinanderfolgende Zahlen enthalten und stellen sie die beiden Matrizen, sowie sie Summe der beiden Matrizen analog zur obigen Zeichnung dar.

Äußeres Produkt

Mit Hilfe von Broadcasting kann man einfach das sog. Dyadische Produkt – manchmal auch als Äußeres Produkt bezeichnet – implementieren; dieses verknüpft eine $n \times 1$-Matrix mit einer $1 \times m$-Matrix zu einer $n \times m$-Matrix, wie in folgender Abbildung zu sehen:

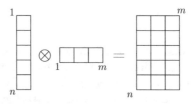

In Python könnte die „äußere" Summe also folgendermaßen implementiert werden (in diesem Fall mit $n=5$ und $m=3$):

```
>>> e = np.arange(0,50,10).reshape(5,1)
>>> f = np.arange(3)
>>> e+f
array([[ 0,  1,  2],
       [10, 11, 12],
       [20, 21, 22],
       [30, 31, 32],
       [40, 41, 42]])
```

5.10 2-d Plotting mit `meshgrid`

Will man eine Funktion zeichnen, die von $\mathbb{R}^2$ auf $\mathbb{R}$ abbildet, so kann man – analog zur weiter oben vorgestellten Herangehensweise zum Zeichnen einer $\mathbb{R} \to \mathbb{R}$-Funktion – die Funktion an vielen dicht nebeneinanderliegenden Stellen auswerten und diese dann in einem Koordinatensystem zeichnen. Im Gegensatz zum Plotten einer $\mathbb{R} \to \mathbb{R}$-Funktion müssen wir nun aber eine ganze Ebene „abtasten". Dafür bietet sich die Funktion `meshgrid` an: Sie erzeugt aus zwei Arrays ein rechteckiges Gitter, das jede Kombination von Werten aus den Arrays enthält.

Als Beispiel erzeugen wir ein Grid, das den Bereich $0 \le x \le 1$ und $-2 \le y \le 0$ in 0.5-er Schritten abtastet. Hierzu erzeugen wir uns zunächst den Bereich der x- und y-Werte wie folgt:

```
>>> x,y = np.linspace(0,1,3), np.linspace(-2,0,5)
>>> print(x, "\n", y)
[ 0.   0.5 1. ]
[-2.  -1.5 -1.  -0.5 0. ]
```

Die `np.meshgrid`-Funktion erzeugt aus diesen beiden Arrays das gewünschte Raster:

```
>>> xx,yy = np.meshgrid(x,y)
>>> print(xx,yy)
[[ 0.   0.5 1. ]     [[-2.  -2.  -2.]
 [ 0.   0.5 1. ]      [-1.5 -1.5 -1.5]
 [ 0.   0.5 1. ]      [-1.  -1.  -1. ]
 [ 0.   0.5 1. ]      [-0.5 -0.5 -0.5]
 [ 0.   0.5 1. ]]     [ 0.   0.   0. ]]
```

Das folgende Bild veranschaulicht, wie die Gitter-Koordinaten des 5×3-Gitters durch die beiden erzeugten Matrizen entstehen.

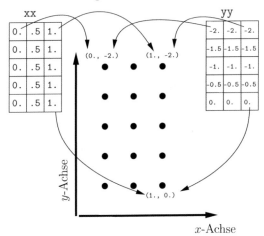

So können wir nun Funktionen mit einem zweidimensionalen Urbild-Bereich auswerten und zeichnen. Die Funktion

$$f(x, y) = x^2 - y^2$$

können wir mit Hilfe der `plt.imshow`-Funktion aus der Matplotlib-Bibliothek folgendermaßen zeichnen:

```
plt.imshow(xx**2 - yy**2, interpolation="none")
```

Dies liefert die folgende Grafik:

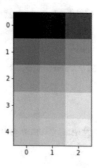

Aufgabe 5.16

Zeichnen Sie das Bild der 2-dimensionalen Sinus-Funktion

$$sin_{2d}(x, y) = sin(x) + sin(y)$$

im Bereich $-2\pi \leq x \leq 2\pi$ und $-2\pi \leq y \leq 2\pi$. Die Zeichnung sollte in etwa folgendermaßen aussehen:

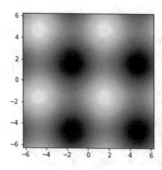

5.11 Weitere Aufgaben

Verwenden Sie für die nachfolgenden Aufgaben Numpy und ndarrays und keine Schleifen.

Aufgabe* 5.17

(a) Erzeugen Sie ein Array, das alle Quadrate der Zahlen von 0 bis 100 enthält.

(b) Erzeugen Sie ein Array, das alle Zahlen von 0 bis 1000 enthält, die nicht durch 11 und nicht durch 13 teilbar sind.

(c) Erzeugen Sie ein Array der Länge 100, das an allen gerade Indexpositionen Nullen und an allen ungeraden Indexpositionen Einsen enthält.

Aufgabe* 5.18

Es sei x ein numerisches `ndarray`, das eine größtenteils absteigende Sequenz enthält. Bestimmen Sie mittels eines NumPy-Ausdrucks die Stellen in x, die eine Ausnahme hiervon darstellen, d.h. die Stellen, an der die Sequenz nicht rein absteigend ist.

Kapitel 6
Lösungen

Aufgaben Prozedurale Programmierung

Lösung Aufgabe 2.1

1. 4+2 steht für den Wert 6, was ebenfalls eine Ganzzahl ist, folglich wird `int` zurückgeliefert.
2. 0 ist ebenfalls eine Ganzzahl, folglich wird `int` zurückgeliefert.
3. Da `type(0)` dem Wert `int` entspricht (auch Typbezeichnungen kann man als Werte sehen), ergibt sich dafür `type(int)` das Ergebnis `type`, denn der Typ von `int` ist offenbar `type`.

Lösung Aufgabe 2.2

(a) Der Wert dieses Ausdrucks ist 8; der %-Operator scheint also stärker zu binden, denn zuerst wird der Teil `100 % 12` berechnet, was den Wert 4 ergibt; danach erst wird die Multiplikation mit 2 ausgeführt.

(b) Der Wert dieses Ausdrucks ist 32; der **-Operator wird also zuerst ausgeführt.

Lösung Aufgabe 2.3

(a) Wenn man weiß, dass `2.0**1000` noch als `float`-Zahl darstellbar ist, jedoch `2.0**2000` aber nicht mehr, dann kann man über eine binäre Suche der größten darstellbaren `float`-Zahl recht nahe kommen; dies wären die ersten Schritte:

```
>>> 2.0 ** 1500
Overflow-Error
>>> 2.0 ** 1250
Overflow-Error
>>> 2.0 ** 1125
```

```
Overflow-Error
>>> 2.0 ** 1062.5
Overflow-Error
...
```

(b) Die größte Zahl hängt eng mit dem größten darstellbaren Exponenten zusammen und dieser ist offenbar 1024, also eine Zweierpotenz. Für die Darstellung von Zahlen $-1024 \leq x \leq 1024$ werden genau 11 Bit benötigt.

Lösung Aufgabe 2.4

(a) Ergibt `False`
(b) Ergibt `'False'` – man beachte, dass dieser Wert eine Zeichenkette ist; Python liefert hier einfach ungeprüft den zweiten Wert zurück; auch diese fehlende Prüfung ist ein Teil der „laziness" des booleschen Operators and.
(c) Ergibt `True`. Auch der or-Operator ist lazy und wenn das erste Argument `True` ist, so wird das zweite Argument nicht ausgewertet, denn egal welchen Wert dieses zweite Argument hat, der Wert des Ausdrucks ist `True`.
(d) Diese Kombination ergibt einen Syntaxfehler; ein Python-Ausdruck oder Kommando wird zunächst syntaktisch analysiert bevor er ausgewertet wird; zur syntaktischen Korrektheit gehört unter anderem die richtige Verwendung der Operatoren, die jeweils zwei Operanden haben müssen.
(e) Dieser Ausdruck ergibt den Wert `bool`. Der Grund: Da der Teilausdruck `True and type` den Wert `type` besitzt und der Teilausdruck `False and type` den Wert `False` ergibt reduziert sich der Ausdruck nach Auswertung der booleschen Operatoren zum Ausdruck `type(False)`.
(f) Dieser Ausdruck ergibt den Wert `type`. Nach Auswertung der booleschen Operatoren reduziert sich der Ausdruck zu `type(type)` und dies ergibt schließlich den Wert `type`.

Lösung Aufgabe 2.5

Durch Ausprobieren sieht man schnell, dass die Klammern tatsächlich nicht nötig gewesen wäre. Die Vergleichsoperatoren haben offenbar eine stärkere Bindekraft als die booleschen Operatoren.

Lösung Aufgabe 2.6

(a) `> s = '\'`
(b) `> s = '''`
(c) `> s = '\'"\'`

Lösung Aufgabe 2.7

Nach den beiden Zuweisungen enthalten a und b keinen Wert, denn die print-Kommandos enthalten keine Werte.

Lösung Aufgabe 2.8 Der Backslash bildet zusammen mit dem `'n'` ein einzelnes Symbol, nämlich das Newline-Zeichen. Entsprechend hat der String `'\nee'` eine Länge von 3.

Lösung Aufgabe 2.9 Die Werte der Ausdrücke sind die folgenden:

(a) 40
(b) `'10101010'`
(c) `'2222222222222222222222'`
(d) Ja, denn der Operator * ist kommutativ auch in seiner String-Variante.

Lösung Aufgabe 2.10 Hier die Lösungen zu den einzelnen Teilaufgaben:

(a) Dieser Test geht in Python recht einfach folgendermaßen:

```
>>> s = str(2**100000)
>>> '1111' in s
True
```

(b) Dieser Test ist fast ebenso einfach folgendermaßen auszuführen:

```
>>> s = str(2**100000)
>>> '11111' in s
False
```

Entsprechend ist klar, dass die längste Einser-Sequenz die Länge 4 besitzen muss.

(c) Durch ausprobieren erhält man das Ergebnis, dass maximale Länge aufeinander folgender Ziffern 5 ist, denn

```
>>> '99999' in s
True
```

Lösung Aufgabe 2.11 `help` liefert keinen Rückgabewert sondern druckt – vergleichbar mit dem Kommando `print` – nur Text auf dem Bildschirm aus.

Lösung Aufgabe 2.12 Start und end bewirken, dass die `endswith`-Methode nur auf einen Teil des Strings ausgeführt wird.

Lösung Aufgabe 2.14 Mit folgendem Python-Code lassen sich die Aufgaben lösen:

(a) `len(t.split())`
(b) `len(t)`
(c) `t.endswith('.')`

Lösung Aufgabe 2.16 Diese Ausdrücke haben die folgenden Werte:

(a) 2
(b) 9
(c) 17

Lösung Aufgabe 2.17 Erklärung: Durch das erste Paar eckiger Klammern wird eine Liste definiert. Hier begegnet uns zum ersten Mal die Eigenheit von Python, dass die Elemente einer Liste auch Funktionen sein können. Die Liste besteht also aus: `len` (Funktion), `type` (Funktion) und den Zahlen 1, 2, 3. Aus dieser Liste wird das Element mit dem Index 1 ausgewählt, also die `type`-Funktion. Das hintere Paar runde Klammern umschließt dann das Argument, das dieser Funktion übergeben wird. Als Argument wird in diesem Fall aus einer Liste der Strings `'Hallo'` und `'Welt'` das Element mit dem Index 0 ausgewählt, also `'Hallo'`.

Lösung Aufgabe 2.18 Die Werte der einzelnen Ausdrücke sind die folgenden:

(a) 20
(b) 10
(c) 50
(d) 10

Lösung Aufgabe 2.19 Solche Kommandos deuten darauf hin, dass der Programmierer sich des Unterschieds eines reinen Kommandos (das keinen Rückgabewert produziert) und eines Ausdrucks nicht bewusst war. Das Problem liegt darin, dass man mit:

```
l = l.append(1000)
```

der Variablen `l` die Rückgabe des Aufrufens der Funktion `append(1000)` auf die Liste, die in der Variablen `l` gespeichert ist, zuweist.

Da aber die `append()` Funktion keine Rückgabe hat, wird damit `l` nun `None` zugewiesen und sowohl die ursprüngliche als auch die veränderte Liste sind verloren.

Lösung Aufgabe 2.20

(a) In diesem Fall wird die Operation `l2 += [100]` ausgeführt, was äquivalent ist zur Zuweisung `l2 = l2 + [100]`; wie wir wissen erzeugt der +-Operator immer ein neues Objekt; dieses neue Objekt wird dann wieder der Variablen `l2` zugewiesen. Das führt aber dazu, dass nach der Zuweisung `l2` eine andere Referenz enthält als vorher. Jegliche Veränderung von `l2` hat danach also keinen Einfluss mehr auf `l1`, da diese nun auf verschiedene Stellen im Speicher zeigen.

(b) In diesem Fall zeigt 12 und 11 auf das gleiche Objekt im Speicher – man sagt auch: „sie referenzieren das gleiche Objekt". Die `append`-Methode erzeugt kein neues Objekt, sondern verändert das vorhandene Objekt. Da 11 und 12 das gleiche Objekt im Speicher referenzieren, wird daher auch 11 verändert.

Lösung Aufgabe 2.21 Der Indexoperator ist ein Postfix-Operator; er steht immer nach dem Operanden. Der Operand ist übrigens grundsätzlich ein Sequenzwert.

Lösung Aufgabe 2.22 Hier die Werte der Ausdrücke:

(a) 3
(b) `'a'`
(c) 30
(d) `'hier'`
(e) `'e'`

Lösung Aufgabe 2.23 Die Lösungen, um durch negative Indizierung …

(a) das vorletzte Zeichen von s auszuwählen: `s[-2]`
(b) das letzte Wort von s auszuwählen. `s.split()[-1]`
(c) das letzte Zeichen des vorletzten Worts von s auszuwählen. `s.split()[-2][-1]`

Lösung Aufgabe 2.24 Die folgenden Ausdrücke liefern die gewünschten Sequenzen zurück:

(a) `s[1:]`
(b) `s[:-1]`
(c) `s[-2:]`
(d) `s[:10]`

Lösung Aufgabe 2.25 Berechnen sie die Summe aller durch 11 teilbarer Zahlen zwischen 0 und 10000 – dazu sollten sie die Funktion sum verwenden, die die Elemente in einer Sequenz summiert.

```
>>> l = list(range(10000))
>>> sum(l[::11])
4549545
```

Lösung Aufgabe 2.26

(a) `satz[:3]`
(b) `s.split()[:3]`

(c) `s.split()[-2:]`
(d) `s.split()[-2][-2:]`

Lösung Aufgabe 2.28

```
x = 0 # Initialisiere eine Variable x mit 0
while x < 10: # Solange x kleiner als 10 ist (<boolexpr>)
    print(x) # Gib den aktuellen Wert der Variablen x aus
    x = x + 1 # Erhoehe den Wert von x um 1
```

Lösung Aufgabe 2.29 Verwendung einer `for`-Schleife, um die Summe aller durch 11 teilbarer Zahlen zwischen 0 und 1000 zu berechnen:

```
>>> erg=0
>>> for i in range(0,1000,11):
>>>     erg+=i
>>> erg
45045
```

Lösung Aufgabe 2.32 Dem Platzhalter `identifier` entspricht der Funktionsname `f10`; dem Platzhalter `[<parameter>, ...]` entspricht das leere Wort.

Lösung Aufgabe 2.33 Dieser Ausdruck berechnet mit Hilfe von `f10` den Wert von 11!:

```
>>> f10()*11
39916800
```

Lösung Aufgabe 2.37 Die Ausdrücke haben die folgenden Werte

(a) `function`
(b) `7`
(c) `['Hallo', 'Welt', 'hier', 'bin', 'ich']`

Lösung Aufgabe 2.38 Hier ist die Umsetzung der Funktion `mul`:

```
def mul(*p):
  erg = 1
    for i in p:
      erg = erg * i
  return erg
```

Lösung Aufgabe 2.53 Da der Aufruf `print(1)` keinen Wert zurückliefert (die 1 ist in der nächsten Zeile ist nicht der Rückgabewert, sondern eine Bildschirmausgabe des `print`-Kommandos), erhält auch die Variable x durch

die Zuweisung eigentlich keinen Wert. Der „Nicht"-Wert in Python ist stets
`None`. So erklärt sich die `print`-Ausgabe der letzten Zeile.

Lösung Aufgabe 2.54 Es wird in `s2` eine Kopie von `s` angelegt bis zum
ersten Vorkommen des Zeichens `"X"`.

Lösung Aufgabe 2.55 Hier muss das Verhältnis von 851ms zu 101ns berechnet werden; dies kann durch folgende Rechnung erfolgen:

$$\frac{851 \cdot 10^{-3}}{101 \cdot 10^{-9}} \approx 8 \cdot 10^6 = 8\,\text{Mio}$$

Der Wert wird also 8 Mio mal schneller gefunden.

Lösung Aufgabe 2.56

```
from random import sample
l = sample(range(10**9), 10**7)
s = set(l)
\%timeit 101 in l
\%timeit 101 in s
```

Die Laufzeitenanalyse mit `%timeit` zeigt, dass der `in`-Operator auf `set` um
ein Vielfaches (2 - 3 Millionen mal) schneller ist, als auf `list`.

Dies liegt daran, dass die Implementierung von `list` grundlegend anders
als die von `set` ist.

Lösung Aufgabe 2.57 Der Fehler liegt darin, dass `s.add(4)` kein Ausdruck ist, für keinen Wert steht. Durch die Anweisung `s = s.add(4)` wird
der Variablen `s` also der Wert `None` zugewiesen und die bisher in der Liste
enthaltenen Informationen sind „zerstört". Richtig wäre die Anweisungsfolge

```
>>> s = {1,2,3}
>>> s.add(4)
print(s)
```

Lösung Aufgabe 2.58

```
def myUpdate(A,x,y):
    E = set()
    for el in A:
        if el==x:
            E.add(y)
        else:
            E.add(el)
    return E
```

Lösung Aufgabe 2.63 Das `del`-Kommando kann auf Listen ganz ähnlich
verwendet werden. Hier der Code für die Erstellung der Liste und das Löschen
des zweiten Elements.

```
>>> l = ['Hallo', 'Welt', 'hier', 'bin', 'ich']
>>> del(l[2])
>>> l
['Hallo', 'Welt', 'bin', 'ich']
```

Lösung Aufgabe 2.64 Umkehren eines einzelnen Schlüssel - Wert Paares und abspeichern in einem neuen leeren Ergebnis - `dict`:

```
>>> d = {1:0, 100:99, "Hallo":3, "O":"1"}
>>> key = "Hallo"
>>> erg = dict()
>>> d[key]
3
>>> erg[d[key]] = key
>>> erg
{3: 'Hallo'}
```

Funktion, die ein `dict`-Objekt als Argument erhält und das umgedrehte `dict`-Objekt zurückliefert:

```
def reverseDict(d):
    erg = dict() # Anlegen des leerem Ergebnis dictionary
    for key in d: # Iteriere ueber alle Schluessel
        erg[d[key]] = key
        # fuer jeden Schuessel key in d muss man einen
        # Eintrag in erg erzeugen, der Key als Wert hat,
        # und den Wert von Key als
        # Schluessel
    return erg
```

Aufgaben Objektorientierte Programmierung

Lösung Aufgabe 3.1

```
class Point:
    ...
    def double(self):
        self.x = 2*self.x
        self.y = 2*self.y
```

Lösung Aufgabe 3.2 Folgendermaßen kann die Methode `__mul__` implementiert werden.

```
class Point:
    ...
    def __mul__(self, q):
        return Point(self.x*q, self.y*q)
    ...
```

Lösung Aufgabe 3.3 Folgendermaßen kann die Methode `toTuple` implementiert werden.

```
class Point:
    ...
    def toTuple(self):
        return (self.x, self.y)
    ...
```

Lösung Aufgabe 3.8 Hier die Erstellung einer Methode, die das Durchschnittsalter aller Besitzer zurückliefert.

```
class Auto():
    ...
    def avgBesitzer(self):
        age = 0
        for p in self.besitzer: # was ist x?? Was fr einen Typ hat x?
            age = age + p.alter

        # Alternativ aber eher nicht python-ic:
        #for i in range(len(self.besitzer)):
        #    age = age + self.besitzer[i].alter
        # Alternativ:
        #for i,p in enumerate(self.besitzer):

        return age / len(self.besitzer)
    ...
```

Hier noch die Verwendung dieser Methode:

```
>>> a = Auto('Porsche', 'red', 3, 2, p4)
>>> a2 = Auto('VW', 'blau', 5, 6, p1)
>>> a.wechsleBesitzer(p3)
>>> a.avgBesitzer()
104.5
```

Lösung Aufgabe 3.10 Hier eine Implementierung der geforderten Methode.

```
class Queue:
    ...
    def isEmpty(self):
        return not self.q # entspricht: return self.q == [],
                          # denn [] wird durch python als False interpretiert
```

Lösung Aufgabe 3.11 Hier ist die Implementierung der entsprechenden Magic-Methode `__add__`:

```
class Queue:
    ...
    def __add__(self, q2):
        ret = Queue()
        for e1,e2 in zip(self.q, q2.q):
            ret.enqueue((e1,e2))
```

```
    return ret
...
```

Lösung Aufgabe 3.13 Folgendermaßen kann man die Methode `most_common`
programmieren, die die x häufigsten Elemente zurückliefert.

```
class myCounter:
    ...
    def most_common(self,n):
        tpls = []
        for k,v in self.c.items():
            tpls.append((v,k))
        return sorted(tpls)[:-(n+1):-1]
    ...
```

Hierbei werden die Items durchlaufen, d.h. die aus Schlüssel und zugehörigem
Wert gebildeten Tupel, diese Tupel geflippt, d.h. aus `(v,k)` wird `(k,v)`, um
diese Elemente dann zu sortieren. Die lexikographische Sortierung bewirkt
dann, dass nach der jeweiligen Häufigkeit sortiert wird.

Lösung Aufgabe 3.14 Eine solche `__add__`-Methode kann folgendermaßen
umgesetzt werden:

```
class myCounter(dict):
    ...
  def __add__(self, c2):
        erg = myCounter()
        for k in self:
            if k in c2:
                erg[k] = self[k] + c2[k]
            else:
                erg[k] = self[k]
        for k in c2:
            if k not in self:
                erg[k] = c2[k]
        return erg
    ...
```

Lösung Aufgabe 3.15 Folgendermaßen kann der ∗-Operator implementiert
werden:

```
class myCounter(dict):
    ...
  Der \py{*}-Operator kann wie folgt implementiert werden:
  def __mul__(self, m):
        erg = myCounter()
        if type(m)==int:
            for k in self:
                erg[k] = self[k] * m
        else:
            for k in self:
                if k in m:
```

```
        erg[k] = self[k] * m[k]
    else:
        erg[k] = self[k]
for k in m:
    if k not in self:
        erg[k] = m[k]
return erg
```
...

Lösung Aufgabe 3.16 Die Funktion ok kann folgendermaßen programmiert werden.

```
def ok(x):
  return type(x)==int and x\%2==0
```

Lösung Aufgabe 3.17 Dies würde einem rekursiven Aufruf entsprechen, denn dann würde sich die append-Methode selbst wieder mit den identischen Argumenten endlos immer wieder selbst aufrufen. Daraus resultiert ein RecursionError.

Lösung Aufgabe 3.19 Durch folgenden Python-Code kann obiger Baum repräsentiert und dargestellt werden.

```
import graphviz
B = graphviz.Graph()
B.edges([("W", "1"), ("W", "2"), ("W", "3"), ("W", "4"), ("1", "5"),
        ("1", "6"), ("2", "7"), ("2", "8"), ("3", "10"), ("3", "11"),
        ("3", "12"), ("10", "14"), ("10", "15")])
```

Lösung Aufgabe 3.20

(a) Er hat eine Höhe von 4, denn die Länge des Pfads von der Wurzel 55 bis zum Blatt 75 ist 4; und dies ist der längstmögliche Pfad von der Wurzel zu einem Blatt.

(b) Relevant ist hier der 2-er Logarithmus; und

$$\log_2 1000 = \log_2 10^3 \approx log_2 2^{10} = 10$$

. Ein solcher Suchbaum hat also eine Höhe von etwa 10.

(c) Relevant ist auch hier der 2-er Logarithmus; und

$$\log_2 1 \text{ Mrd} = \log_2 10^9 \approx log_2 2^{30} = 30$$

. Ein solcher Suchbaum hat also eine Höhe von etwa 30.

Lösung Aufgabe 3.21 Folgendes 3-Tupel ist die vollständige Repräsentation des obigen Suchbaums:

```
baum = (55, (41, (19, (10, None, None), (21, None, None)),
                  (51, (42, None, None), (53, None, None))),
             (95, (71, (62, None, None), (81, (75, None, None), None)),
                  (120, (99, None,None), (125, None, None)))))
```

Lösung Aufgabe 3.22 Folgender Code erzeugt den gesamten BTree

```
rechterTB = BTree(95, BTree(71,BTree(62),BTree(81, BTree(75))) ,
                      BTree(120, BTree(99), BTree(125)))
gesamt = BTree(55, linkerTB, rechterTB)
```

Aufgaben Funktionale Programmierung

Lösung Aufgabe 4.1 Die Variable v enthält danach den Wert None.

Lösung Aufgabe 4.3 Der Wert ist 221.

Lösung Aufgabe 4.4

```
def f2(x,y,z):
  return str(x) + str(y) + 2*str(z)
```

Lösung Aufgabe 4.5

```
'<function <lambda> at 0x000001C1B2D0E400>
 <function <lambda> at 0x000001C1B2D0E400>
 <function <lambda> at 0x000001C1B2D0E400>
 <function <lambda> at 0x000001C1B2D0E400>'
```

Lösung Aufgabe 4.6 Die Ausdrücke haben die folgenden Werte:

(a) 32
(b) 13
(c) 54

Lösung Aufgabe 4.7

```
def myEnumerate(l):
  return mapL(lambda i,x: (i,x), l, range(len(l)))
```

Lösung Aufgabe 4.8

(a) Mit klassischer Prozeduraler Programmierung könnte man es wie folgt implementieren:

```
def skalarProdukt(v1,v2):
    i = len(v1)
    j = len(v2)
    erg=0
    k = 0
    while k<i and k<j:
        erg = erg + v1[k]*v2[k]
        k = k +1
    return erg
```

(b) Die Funktionale Lösung sieht so aus:

```
skalarProd =
    lambda v1,v2: sum(map(lambda x,y: x*y, v1,v2))
```

(c) Die Lösung mit Verwendung des `operator`-Moduls sieht so aus:

```
from operator import mul
skalarProd = lambda v1,v2: sum(map(mul,v1,v2))
```

Lösung Aufgabe 4.9

(a) Die Matrix-×-Vektor-Multiplikation kann folgendermaßen implementiert werden.

```
mat_x_vec = lambda m,v: mapL(lambda zeile:
                    skalarProd(zeile ,v) , m)
```

(b) Die Matix-×-Matrix-Multiplikation kann folgendermaßen implementiert werden:
Zunächst benötigen wir eine Matrix-Transposition. Diese kann man mittels map folgendermaßen implementieren.

```
def transpose(m):
    return mapL(lambda *l: list(l), *tuple(m1))
```

Erklärung hierzu: Die Parameterübergabe `*tuple(m1)` bewirkt, dass die Zeilen jeweils als getrennte Argumente übergeben werden, d.h. für eine $n \times m$-Matrix werden hier n Argumente erzeugt. Entsprechend viele Argumente erwartet die Funktion `lambda *l:list(l)`; diese macht dann aus den einzelnen Argumente wiederum eine Liste.

Nun können wir direkt die Matrix-Multiplikation implementieren.

```
def matrix_x_matrix(m1,m2):
    return transpose(mapL(lambda v: matrix_x_vector(m1,v),
                    transpose(m2)))
```

Lösung Aufgabe 4.11

(a) Alle Zeilen mit Zeilennummern zu versehen.

```
>>> l = b.splitlines()
>>> mapL(lambda i,zeile: str(i) + ": " + zeile,
                          range(len(l)), l)
```

(b) Die Zeile mit den meisten Wörtern in b zu erhalten. So ginge es über Listcomprehensions:

```
>>> max( mapL(lambda zeile: (len(zeile.split()), zeile) ,
                          b.splitlines()))[1]
```

... und so über map:

```
max(mapL(lambda zeile: (sum(mapL(
        lambda wort:
          wort.lower().startswith(("a","e","i","o","u")),
            zeile.split())), zeile), b.splitlines()))
```

(c) Die Zeile, die die meisten Wörter enthalten, die mit einem Vokal beginnen.

```
    max([ (len([w for w in zeile.split()
                    if w and w[0].lower() in "aeiou"]),
          zeile) for zeile in b ])
```

(d) Die Zeile mit der größten Durchschnittslänge der Wörter. So ginge es über Listcomprehensions:

```
from statistics import mean
myMean = lambda l: mean(l) if l else 0
max([(myMean([len(w) for w in zeile.split()]), zeile)
      for zeile in b])
```

... und so über map:

```
from statistics import mean
myMean = lambda l: mean(l) if l else 0
max(mapL(lambda zeile: (myMean(mapL(len, zeile.split())),
        zeile), b))
```

Lösung Aufgabe 4.12

```
filterL = lambda p,s: list(filter(p,s))
```

Lösung Aufgabe 4.13

(a) Alle Zeilen in Goethes Faust, mehr als 14 Wörter haben.

```
filterL( lambda zeile: len(zeile.split()) > 14,
            f.splitlines())
```

(b) Alle Zeilen, die mit einem 'Z' beginnen

```
filterL( lambda zeile: zeile!="" and zeile[0]=="Z",
         f.splitlines())
```

(c) Alle Wörter aus Goethes Faust, die weniger als 4 Buchstaben enthalten:

```
filterL(lambda wort: len(wort)<4 , f.split())
```

(d) Alle Worte, die mehr als 4 mal 'e' enthalten:

```
filterL(lambda wort: wort.count("e")>4 , f.split())
```

(e) Alle Zeilen, die nur Wörter enthalten, die mit kleinen Vokalen beginnen.

```
filterL(lambda zeile: zeile != "" and
        all(mapL(lambda wort: wort[0] in "aeiou",
          zeile.split()))
            ,f.splitlines())
```

Lösung Aufgabe 4.14

```
b = open("../Bibel.txt").read()
any(mapL(lambda x: len(x)>1 and x[1].isupper(), b.split()))
```

Lösung Aufgabe 4.16 Das funktioniert nicht, denn l.sort() ist kein Ausdruck, sondern sortiert die Liste im Hintergrund und verändert l. Für diesen Fall macht das also keinen Sinn, weil die Variable l nicht sichtbar außerhalb der List Comprehension, d.h. es gibt keine Referenz mehr auf die sortierten Listen, und deshalb wahrscheinlich schon längst weggeräumt durch den Garbage Collector.

```
[sorted(l) for l in [[4,1,2], [4,2,10], [7,4,9]] ]
```

Lösung Aufgabe 4.17 Der Wert ist:

```
[None, None, None, None, None, None,
  None, None, None, None]
```

Lösung Aufgabe 4.18

(a) Die Liste der jeweils ersten Worte aller Zeilen in Goethes Faust.

```
[ zeile.split()[0] if zeile else ""
        for zeile in f.splitlines() ]
```

(b) Gibt es Zeilen, die mit einem Kleinbuchstaben anfangen?

```
any([ zeile[0].islower() if zeile else False
        for zeile in f.splitlines()] )
```

(c) Finde die Zeile, mit den meisten Wörtern, die mit Kleinbuchstaben beginnen.

```
max([(len([ wort for wort in zeile.split()
        if wort and wort[0].islower()]), zeile)
            for zeile in f.splitlines() ])
```

Lösung Aufgabe 4.19

(a) Wie viele Dateien mit Endung `.ipynb` gibt es im aktuellen Verzeichnis?

```
len([_ for dateiname in listdir(".")
        if dateiname.endswith(".ipynb")])
```

(b) Wie oft kommt das Schlüsselwort `for` in allen ipynb-Dateien des aktuellen Verzeichnisses vor?

```
len([_ for dateiname in listdir(".")
        if dateiname.endswith(".ipynb")
        for wort in open(dateiname,
        encoding="utf8").read().split()
            if wort=="for"])
```

(c) Gleiche Fragestellung, außer, dass ich wissen möchte in welchen der Dateien in welcher Zeilennummer die `for`s standen.

```
[(dateiname,i) for dateiname in listdir(".")
        if dateiname.endswith(".ipynb")
        for i,zeile in open(dateiname, encoding="utf8")
        if any([wort=="for" for wort in zeile.split()])]
```

(d) Alle Dateien im Verzeichnisbaum unterhalb des aktuellen Verzeichnisses, die das Wort `'Informatik'` enthalten.

```
from os import walk
[ file for d,ds,fs in walk(".")
        for file in fs
        if file.endswith(".tex") and
        "Informatik" in open(d+"\\"+file).read().split()]
```

Lösung Aufgabe 4.21

(a) die Funktion max und min nachzuprogrammieren.

```
my_max = lambda l:
        reduce(lambda x,y: x if x>y else y, l)
my_min = lambda l:
        reduce(lambda x,y: x if x<y else y, l)
```

(b) die Funktion `split` nachzuprogrammieren.
    Das ist nicht ganz so einfach. Die Funktion f bekommt als erstes Argument eine Liste von Strings (das erste Argument muss immer den Typ des Ergebnisses haben, also in diesem Fall eine Liste von Strings) und das zweite Argument ein einzelnes Zeichen (das ist immer das jeweils nächste Zeichen der Sequenz, die der Reduce-Funktion übergeben wird.

Aus diesen beiden „Zutaten" muss dann das nächste Teilergebnis errech-
net werden. Diese Teilergebnis ergibt sich entweder daraus, das nächste
Zeichen an den hinterstne String der Liste anzuhängen (falls das Zeichen
kein Leerzeichen ist) oder einen neuen zunächst leeren String in der Liste
zu erzeugen. Hier der Code:

```
f = lambda sl, c:
        sl+[""] if c==" " else sl[:-1]+[sl[-1]+c]
split = lambda s: reduce(f,s,[""])
```

(c) Liste von Tupeln flachklopfen:

```
reduce(lambda x,y: x+list(y), 1, [])
```

(d) max definieren:

```
list(reduce(lambda x,y: if x>y then x else y, 1))
```

Lösung Aufgabe 4.22

```
[x**2 for x in range(1000) if x%3==0]
```

Lösung Aufgabe 4.23

```
def teiler(n): return [t for t in range(1,n//2+1)
                       if n%t==0]

[i for i in range(100) if len(teiler(i))==5]

max((len(teiler(i)),i) for i in range(1000))[1]
```

Lösung Aufgabe 4.25

- ... die Summe der Zahlen von 0 bis 100 berechnet.

  ```
  sum(range(101))
  ```

- die Summe aller durch 3 teilbarer Zahlen von 0 bis 100 berechnet.

  ```
  sum(range(0,101,3))
  ```

- die Liste aller Zahlen von 0 bis 1000 erzeugt, die weder durch 11 noch
  durch 13 teilbar sind.

  ```
  [i for i in range(1001) if i%11!=0 and i%13!=0]
  ```

Lösung Aufgabe 4.26

- eine Liste der Längen aller Methodennamen der Klasse str erzeugt.

  ```
  [len(m) for m in dir(str)]
  ```

- die Länge des längsten Methodennamen der Klasse str zu berechnen.

  ```
  max([len(m) for m in dir(str)])
  ```

- den Namen des längsten Methodennamen der Klasse str zurückliefert

  ```
  max([(len(m),m) for m in dir(str)])[1]
  ```

Lösung Aufgabe 4.27 Hier die Lösungen:

- ```
  [randint(1,6) for _ in range(10)]
  ```

  ```
  len([_ for _ in range(100000)
          if 1 not in [randint(1,6)
                            for _ in range(10)]]
      ) / 100000
  ```

- ```
  len([_ for _ in range(100000)
          if [randint(1,6)
                  for _ in range(10)].count(1)==3]
      ) / 100000
  ```

Lösung Aufgabe 4.28 Sei folgende Definition gegeben:

```
t = open("test.txt").readlines()
```

(a) ... mit der Zeichenkette 'Py' beginnen.

```
[zeile for zeile in text if zeile.startswith('Py')]
```

(b) ... die die Zeichenkette 'Python' enthalten.

```
[zeile for zeile in text if 'Python' in zeile]
```

(c) deren letztes Zeichen ein Kleinbuchstabe ist.

```
[zeile for zeile in text
        if len(zeile)>=2 and zeile[-2].islower()]
```

(d) ... am häufigsten das Zeichen 'a' enthält.

```
max([(zeile.count('a'), zeile)
        for zeile in text]
    )[1]
```

(e) ... sich alle Zeilen ausgeben lassen, die nur Wörter enthalten, die mit einem Konsonanten beginnen.

```
>>> kons = "bcdfghjklmnpqrstvwxyz"
>>> [z for z in t if all([wort[0].lower() in kons
                    for wort in z.split()])]
```

(f) die Nummern aller Zeilen, die mit einem Wort beginnen, das mehr als 15 Zeichen hat.

```
[i for i,z in enumerate(t)
      if z.split() and len(z.split()[0])>15]
```

Lösung Aufgabe 4.29

(a) ... sich die Längen aller Dateinamen im aktuellen Verzeichnis ausgeben
lassen können.

```
[len(d) for d in listdir('.')]
```

(b) ... sich alle Dateien mit Endung .txt aus dem aktuellen Verzeichnis
ausgeben lassen.

```
[d for d in listdir('.') if d.endswith('.txt')]
```

(c) ... sich unter den Dateien des aktuellen Verzeichnisses die Zeile mit den
meisten Wörtern ausgeben lassen.

```
from os.path import isfile, isdir
max([(max([len(z) for z in open(d, mode='r+b')]), d)
        for d in listdir('.') if isfile(d)])
```

(d) ... sich den Dateinamen im aktuellen Verzeichnis ausgeben lassen können, der die meisten Wörter mit mehr als 10 Zeichen enthält.

```
max([(len([_ for w in open(d,mode='r+b').read().split()
        if len(w)>10]), d)
        for d in listdir('.') if isfile(d)])
```

Lösung Aufgabe 4.30

(a) der Datei mit dem längsten Dateinamen,

```
max([ (len(f), f) for d,ds,fs in walk('..')
        for f in fs])
```

(b) der Datei mit den meisten 'e' im Dateinamen,

```
max([ (f.count('e'), f)
        for d,ds,fs in walk('..') for f in fs])
```

(c) der Datei mit der längsten Zeile.

```
max([ (max([len(z)
        for z in open(join(d,f),mode="r+b")],
            default=0), f)
        for d,ds,fs in walk('..') for f in fs])
```

(d) allen Zeilen aller .tex-Dateien, die keine Wörter enthalten, die mit einem
Konsonanten beginnen.

```
[zeile for d,ds,fs in walk('..')
    for f in fs if f.endswith('.tex')
        for zeile in open(join(d,f))
            if all([w[0].lower() in 'aeiou'
                for w in zeile.split()]) ]
```

Lösung Aufgabe 4.31

(a) Schreiben Sie eine Funktion `collatz(i)`, die als Liste die Collatz-Folge einer Zahl i zurückliefert:

```
def collatz(n):
    l = [n]
    while n!=1:
        if n%2==0:
            n = n//2
        else:
            n = 3*n + 1
        l.append(n)
    return l
```

(b) Schreiben eine Funktion `lenCollatz(n)`, die die Liste der Längen der Collatzfolgen für die Zahlen zwischen 1 und n zurückliefert.

```
def collatzLen(n):
    return [len(collatz(i)) for i in range(1,n+1)]
```

(c) Stellen Sie die Längen aller Collatzfolgen bis 100000 grafisch dar.

```
import matplotlib.pyplot as plt
matplotlib inline
plt.plot(range(500000), collatzLen(500000), ',')
```

(d) Schreiben Sie eine Funktion `lenColsFrq(n)`, die die Häufigkeit grafisch darstellt, mit der eine Zahl i als Collatzfolgenlänge vorkommt, bei einer Betrachtung der Collatzfolgen für die Zahlen von 1 bis n.

```
from collections import Counter
def lenColFreq(n):
    l = lenCollatz(n)
    c = Counter(l)
    its = c.items()
    plt.plot([x for x,y in its],
             [y for x,y in its], ".")
```

... und das dann als Barplot darstellen... (plt.bar)

Lösung Aufgabe 4.32

```
def prims(n):
    return [i for i in range(2,n+1)
            if len(teiler(i))==1]
```

Aufgaben Numpy

Lösung Aufgabe 5.1

(a) Erzeugen Sie ein Array, das alle Quadrate der Zahlen von 0 bis 100 enthält.

```
a = np.arange(101)
a = a**2
```

(b) Erzeugen Sie ein Array, das alle Zahlen von 0 bis 1000 enthält, die nicht durch 11 und nicht durch 13 teilbar sind.

```
a = np.arange(1001)
a = a[(a%11!=0) & (a%13!=0)]
```

(c) Erzeugen Sie ein Array der Länge 100, das an allen gerade Indexpositionen Nullen und an allen ungeraden Indexpositionen Einsen enthält. Entweder so:

```
a = np.ones(100, dtype=np.int8)
a[::2]=0
```

oder so:

```
np.arange(100) % 2
```

Lösung Aufgabe 5.2

```
>>> a = np.arange(1,100000000, dtype=np.float64)
>>> np.sqrt((np.sum(1/(a**2)) * 6))
```

Je größer das n, desto näher sollte sich die Zahl π annähern.

Lösung Aufgabe 5.3 Erzeugen wir uns zunächst mal ein recht beliebiges Array, das an nur zwei Stellen nicht aufsteigend ist:

```
from numpy.random import randint
a = np.sort(randint(0,1000,100))[::-1]
a[20] = a[19]+2
a[40] = a[39]+1
```

Und nun der Test, an welchen Stellen diese Sequenz nicht-aufsteigend ist:

```
>>> np.argwhere(a[1:] > a[:-1])
array([[19], [39]], dtype=int64)
```

Damit sind die Stellen gefunden!

Lösung Aufgabe 5.5

```
np.sum(x[~np.isnan(x)])
```

Lösung Aufgabe 5.6

(a) Welche der beiden Varianten ist wie viel mal schneller als die andere Variante?

Die zweite Variante ist ca 300 mal schneller als die erste Variante.

(b) Erklären Sie die riesigen Geschwindigkeitsvorteil der einen Variante gegenüber der anderen.

In der erste Variante ist eine Python-Schleife versteckt; und zwar beim Konstruktor-Aufruf von `np.array` muss über die als Argument mitgegebene Sequenz `range(10**5)` iteriert werden und jedes einzelne Element zum Einfügen vorbereitet werden.

Lösung Aufgabe 5.7

(a) `x[(x%10==3)| (x%3==0)]`
    `list(filter(lambda y:y%10==3 or y%3==0, x))`

(b) ```
>>> x = np.arange(100000)
>>> x = x.astype("int64")
>>> x[((x**2-3) % 7) == 0]
```

Vorsicht: Wenn die zweite Zeile fehlt, dann stimmt wegen Überlauf das Ergebnis nicht! Hier noch die Entsprechung mit `filter`:

```
filter(lambda x: (x**2-3)%7==0, range(100000))
```

oder mit einer List Comprehension:

```
[i for i in range(100000) if (i**2-3)%7==0]
```

Lösung Aufgabe 5.8

```
>>>  z = np.arange(1,10000)
>>>  (z%13 != 0) & (z%17!=0) & (z%3!=0)
```

Man könnte jetzt zwar indizieren und dann die über `len` die Länge des entstandenen Arrays abfragen, aber so gehts schneller:

```
np.sum((z%13 != 0) & (z%17!=0) & (z%3!=0))
```

Lösung Aufgabe 5.10

```
def prims(n):
  z = np.arange(2,n)
  for i in range(int(np.sqrt(n))):
      if z[i]!=0: z[i+z[i]::z[i]] = 0
  return z[z!=0]
```
```

Lösung Aufgabe 5.12

(a) alle Zeilen wählt, deren erster Eintrag kleiner 10 ist.

```
a[a[:,-1] < 10,:]
```

(b) jede zweite Zeile und jede zweite Spalte wählt.

```
a[::2,::2]
```

(c) eine Matrix zurückliefert, deren Zeilen umgedreht sind.

```
a[:,::-1]
```

Lösung Aufgabe 5.13

```
m[:,np.apply_along_axis(np.mean, 0, m) < 3000]
```

Lösung Aufgabe 5.14

(a) Ein Numpy-Array mit 10 zufälligen Werten zwischen 1 und 6

```
randint(1,7,10)
```

(b) Schätzen Sie mittels Simulation ab, wie groß die Wahrscheinlichkeit ist, dass bei einem 10-maligen Wurf keine 1 fällt.

```
>>> m = randint(1,7,10*10**5).reshape(10,10**5)
>>> m!=1
array([[ True, True, True, ..., True, True, False],
       [ True, False, False, ..., True, False, True],
       [ True, True, False, ..., True, True, True],
       ...,
       [ True, True, True, ..., False, True, True],
       [ True, True, False, ..., True, False, True],
       [ True, True, True, ..., True, True, True]],
      dtype=bool)
>>> np.sum(np.apply_along_axis(np.all, 0, m!=1)) / 10**5
0.16220000000000001
```

Zum Vergleich: Korrekter Wert:

```
>>> (5/6)**10
0.1615055828898458
```

(c) Schätzen Sie mittels Simulation ab, wie groß die Wahrscheinlichkeit ist, dass bei einem 10-maligen Wurf keine 1 fällt.

```
>>> np.sum(np.apply_along_axis(np.sum,0,m==1)==3) / 10**5
0.15501000000000001
```

Zum Vergleich: Präziser Wert für die Wahrscheinlichkeit:

```
>>> (5/6)**7 * (1/6)**3 * ((10*9*8)/(1*2*3))
0.1550453595742519
```

Lösung Aufgabe 5.16

```
xx,yy = np.meshgrid(np.linspace(-2*np.pi, 2*np.pi, 1000),
                    np.linspace(-2*np.pi, 2*np.pi, 1000))
plt.imshow(np.sin(xx) + np.sin(yy),
           interpolation="none",
           extent=[-2*np.pi,2*np.pi,-2*np.pi,2*np.pi])
```

Index

Printed in the United States
by Baker & Taylor Publisher Services